全国バス駅巡り

もう一つの廃線紀行

渡邊 喜治
Watanabe Yoshiharu

風詠社

はじめに

　素直な性格でないせいか一風変わったものに興味を持ちやすい。鉄道でもバスでもないカモノハシ風な存在のバス駅（もしくは自動車駅）に目を向けたのもそうした習性が関わっていそうだ。

　ということで、個人的に気になるバス駅巡りをしていたら、いつの間にか全国行脚をする羽目になった。本書はそうして集まった変わり者たちの生態を、バス会社や自治体の気まぐれで消え去る前に記録に残しておこうという"稀少静物"保護の観点からまとめたものである。

　"バス駅"としたが、国鉄バスやJR（国鉄）との連絡運輸を行う狭義の"バス駅"のみでなく、現役鉄道と無関係に名称に「駅」を含んだり、待合室などの建物に「駅」と表示してあったり、ダイヤや路線図に「駅」（含む『停車場』）が付くなどの駅を連想させる紛らわしい連中も含めて取り上げた。

　「駅跡」・「旧駅」などは勘違いする御仁がいるのか微妙だが、世間は広いので一応含めさせて貰った。一方で、バス・ステーションの類いは鉄道臭が薄いので除外した。

　駅舎等が保存されていても、鉄道記念館やバスターミナルや道の駅・まちの駅などに名称変更している場合も取り上げていない。

　以上まとめると、駅表記をすることで、鉄道に乗ることが出来ると勘違いする可能性がある（と個人的に判断した）ものということになろうか。

　こうした限定つきではあるが、これら個性的な面々を網羅したとは言わないものの主だったものは拾えていると信じたい。ちなみに、バス停名称は「　」で括ったが、他にも言葉の用法が特殊だったりしたために注意喚起目的で鍵括弧を使用している場合がある。

　予約制オンデマンド型のバスについてはバス停がある場合が多いので紹介したが、現地にポールがないと扱いが微妙になってくる（「下曽木駅前」のケースを参照）。

オンデマンド型のタクシーは更に微妙で、乗り降り自由なパターンや時刻表がない場合は原則として載せていない。ポールの類いがあれば当確としたが、実際に走るのがセダン型のフツーのタクシーなのか、ジャンボタクシーなのか等については不問とした。

公共性の高いスクールバスを除いて送迎バスの類いも扱っていない。公園や遊園地内の移動用途に供されるバスが、「駅」を使用しているケースも考えられるが、同様に公共交通なのか疑義があるので調べていない。

日付は西暦で YYYY.MM.DD 表記としたが、引用部分についてはこの限りではない。"廃止"日付を最終運行日とする流儀もあり、敢えて翌日を廃止日にする修正は加えていない。

典拠に関しては当該事業者発表を原則としたが、関連自治体等の公式サイトの場合はその旨のみ記し、資料の特定が必要と思われるものについては追記した。出版物等を参照した場合も記載したが、裏付けのない"ネット情報"は採用しなかった。

非力ながら歴史の一断面を記録に残すことも目的としたので、現地写真と共にバスダイヤの概要を掲載した。データは原則 2020 年時点としたが、その後の変化についてフォローした分についてはその旨を記した。

全体像を把握するのが主眼なので、系統・行先別に 3 便までは時刻表示し、4 便以上は始発〜終発とした。土日祝は"土日"で表し、盆暮れ等の休止については省略した（一部の休校時運休も同様）。

自治体が主体となったコミュニティバスは昨今全国的に流行だが、自治体によっては路線名程度しか紹介せずにダイヤ等はリンク先のバス会社のサイトを参照する様に仕向けているケースが見られる。

他方、自治体サイトで詳しく説明しているからといって、自治体が運行まで行う例は稀で、地元のバス会社などに委託したり、生活維持路線とし

て既存バス路線に赤字補填しているだけという例も多く見られる。こうした認識の相違も反映して、運行主体や路線名が見た眼とは一致しないケースも出て来る*。

　過疎地向けの路線などでは自治体所有のワゴン車の運転を、職員ではなくバスやタクシー業者に委託しているケースもあり、そうした場合には路線名ではなく「○○号」などと名付けて運用していることも多い。

　この様に運行主体情報や路線名については、路線・自治体で定義が異なっていることを承知置き願いたい。

*：長電バスの屋代線代替バスで見ると、同社サイトには系統番号なしの屋代須坂線とあって、他の自社路線とは違う扱いになっており、実態は長野電鉄がバスを運行し、長野市が赤字分を補填するという関係にある。こうした所謂「21条バス」や「80条バス」などの背景にある法的位置づけについても埒外とした。

　白地図は CraftMAP（http://www.craftmap.box-i.net/）のフリー素材を加工。

　分布図については、見易さを考慮して廃線鉄道絡みは代表で表示し、他にも一括りにしたり省略したものもある。本文中で触れていても非該当扱いのものは示していない。

　凡例で「バス」としたものは国鉄バスや会社線バスに由来するが、それ以前に鉄道だった時代があるものも含めた（『元鉄道』は文字通り）。「独自」は連絡運輸と関わりなく駅を名乗るものや、停留所の代わりに駅や停車場を使用しているケースなどが該当。「BRT」は Bus Rapid Transit を表す。

　章扉の地図についても見易さに配慮して簡略表記をしたり、省略したりしたものがある。

　長口上はこの辺にとどめ、鉄道が走っていない駅の現地調査へいざ出発！
　　～　待てど暮らせど　デンシャは来ぬが
　　　　だてに駅など　名乗りゃせぬ　～

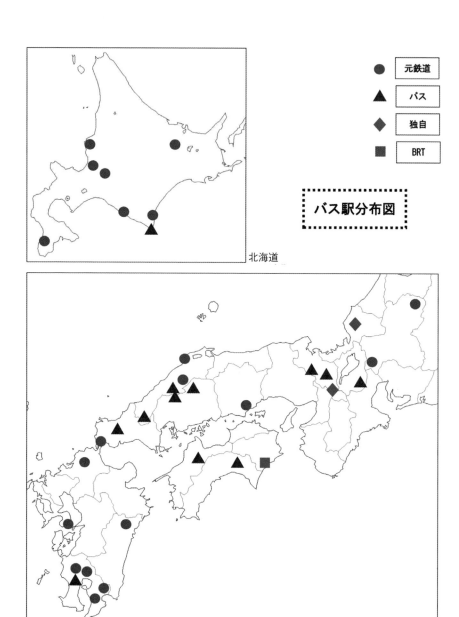

バス駅分布図

凡例:
- ● 元鉄道
- ▲ バス
- ◆ 独自
- ■ BRT

北海道

西日本

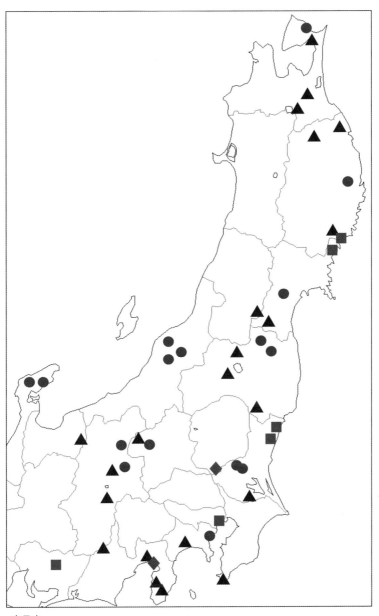

東日本

目 次

I　北海道

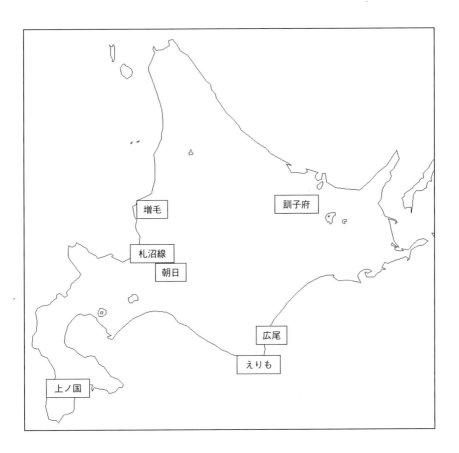

増毛

訓子府

札沼線

朝日

広尾

えりも

上ノ国

「月ヶ岡駅」

「月形駅」（奥に「月形駅前」）

「月形駅前」

　2020.5.7 廃止の JR 札沼線末端部に対する代替バスが運行されており、下記 2 路線で合計 6 バス駅となる*。「駅」が二つ、「駅前」と「駅通」が一つずつ（「月形駅」は重複）。

＊：月形町公式サイトの「JR 札沼線代替バスの乗り方」では「体育館前」も誤植なのか「体育館駅前」と駅扱いになっている。

　月形当別線：月形駅・月ヶ岡駅
　月形浦臼線：浦臼駅・札的駅通・札比
　　内駅前・月形駅

　ターミナルの月形と浦臼の両駅は現役さながらの様子で、「月ヶ岡駅」もホームと駅舎も残るロータリーまで入り込むバス停。「札比内駅前」も同様だが、ロータリーには入らず「駅前」で妥協。

　「札的駅通」はホームとは目と鼻の先だが、駅前ではなく駅通を名乗る。

※札沼線は戦時中に不要不急線とされ、石狩月形～石狩追分が 1943.10.1 から、石狩当別～石狩月形が 1944.7.21 から省営バス石狩線として運行された過去があるので（官報 1943.9.28・1944.7.17 付）、バス駅の復活という側面もある。

　廃線直後なので他の駅舎も結構残っているが、「中小屋郵便局」など駅前道路沿いに位置していても「駅」を冠しないバス停も散見される（使わ

なくなった駅よりも現役の郵便局の方が有力情報なのは判るが）。

　また、当別線の名が示す様に、石狩当別駅と北海道医療大学前駅にもバス停はあるが、フツーの現役駅前バス停につき、（デンシャの来ない）バス駅とはならない（以下、本書では同様に取扱っている）。

　「月形駅」のバスダイヤは下表の通りで（途中駅分については省略）、"前"付の「月形駅前」からも北海道中央バスの岩見沢月形線と新篠津村営の江別月形線（ニューしのつバスに委託）が運行されている。

バス駅名	月形駅	
運行	月形町	
路線	月形当別線	月形浦臼線
行先	JR 石狩当別駅南口	浦臼駅
運行時間	6:00 ～ 18:50	8:35 ～ 18:15
運行本数	9	5
備考	全日	

バス駅名	月形駅前				
運行	ニューしのつバス			北海道中央バス	
路線	江別月形線			月形線	
行先	新篠津役場前	江別ターミナル	月形高校	岩見沢ターミナル	
運行時間	8:29	15:56	8:15　15:31	6:43 ～ 18:45	7:00 ～ 18:45
運行本数	1	1	2	9	8
備考	平日			平日	土日

※北海道中央バスについては、2021.4.1 改正で平日 6 便（6:43 ～ 18:45）、土日 4 便（7:00 ～ 16:30）と結構な減便が早くも実施された。

　「浦臼駅」も代替バス以外に北海道中央バスの滝川浦臼線と浦臼町営の奈井江線（新うらうす線）＊も運行されていて、ハシゴを外されたためにバス駅となっている。月形の様に「駅前」でないのは、もともとのバス停名による。

＊：札沼線現役時から町営バスとして合わせて運営されていた浦臼駅～石狩新宮の晩生内線は乗合タクシーに移行して 2014.10.1 からは一往復運行となり、使命を終えた（「浦臼町営バス運行条例施行規則」）。

「札比内駅前」（奥が旧駅）

「札的駅通」（奥の植え込み部にホーム跡）

「浦臼駅」

　これら「浦臼駅」のダイヤをまとめたのが下表。

※以下で腐る程の例を見ることになるが、コミュニティバスの場合はその
　性格上、駅または駅同等施設であるバスターミナル（や旧駅を含めたバ
　ス駅）に向かうことが多いので、月形・浦臼駅で見た様に"主犯格"の
　路線バス等が作ったバス駅に乗り入れることで"共犯者"になるケース
　が頻繁に起こる（ので嬉しい悲鳴状態となる）。

バス駅名	浦臼駅			
運行	浦臼町	北海道中央バス		浦臼町営バス
路線	月形浦臼線	滝川浦臼線		新うらうす線
行先	月形駅	滝川駅前		奈井江駅
運行時間	7:30～17:00	7:00～17:05	7:55～18:50	7:01～17:20
運行本数	5	5	4	5
備考	全日	平日	土日	平日

沿岸バス　旧増毛駅

沿岸バスの高速乗合ましけ号（2020. 9.
30 までは増毛経由の特急はぼろ号増毛経
由便だったが改称）が札幌〜留萌で一往復
運行されており、「旧増毛駅」にも停まる。
同社一般路線の留萌市立病院〜大別苅・雄
冬線も 9 往復している。

「旧増毛駅」（左奥が駅舎）

JR 留萌線 増毛〜留萌間が 2016.12.4 に
廃止されて旧増毛駅となった訳だが、前後
の古びたポールとは異なり、草鞋型の小綺麗なポールはアニメキャラに彩
られ、増毛という特異なネーミングと相まって観光要素を前面に出してい
る。駅設備も現役時と然程変わらない状態で残っているのも良い。

他に、早朝夜間に増毛町の完全予約制乗合タクシーもある模様で、留萌
駅 6:47 発に向けた 6:10 に旧 JR 増毛駅舎前を発車する便と、留萌駅 21:10
着に合わせた増毛便が 21:15 に設定されていたが、何故か 2019.8.1 に留萌
駅 20:30 発の夜間便が増発されている。

このタクシーにはポールはない様なので、どうぞご自由にという感じだ
が、「乗降場所について」には旧 JR 増毛駅、第 1 箸別バス停、第 1 朱文別
バス停、舎熊郵便局前バス停（旧・舎熊駅前バス停）、彦部バス停、阿分
バス停、留萌税務署前バス停（早朝便の降車のみ）、幸町バス停（早朝便
の降車のみ）とあり、「舎熊郵便局前」の「旧・舎熊駅前バス停」が惜し
かった（新旧名称の併記目的なのが自明なため取り上げず）。

バス駅名	旧増毛駅			
運行	沿岸バス			
路線	ましけ号		留萌別苅（増毛）線	
行先	札幌駅前ターミナル	留萌駅前	大別苅	留萌市立病院
運行時間	7:50	18:30	8:30 〜 20:00	7:23 〜 18:53
運行本数	1	1	9	9
備考	全日			

北海道北見バス　訓子府駅

「訓子府駅」

訓子府駅

　2006.4.21 に廃止になった北海道ちほく高原鉄道ふるさと銀河線の代替路線が北見バスにより北見～陸別で運行されていて、途中駅に当たるのがこの「訓子府駅」。鉄道公園風に保存されていて訓子府町農業交流センター「くる・ネップ」が入り、ぷらっとカフェ「駅茶屋」もあって更に駅っぽい。

　旧沿線には他に駅舎が残るケースもあるがバス停名に駅が付くのはここだけで、訓子府町としての目立つアイコンを意識してか。終着地の陸別や、残りの陸別～帯広を担当する十勝バスの足寄・仙美里・本別なども、見た眼は"駅然"としているのに除外したのは、駅を名乗っていないことによる。

バス駅名	訓子府			
運行	北海道北見バス			
路線	訓子府・置戸・勝山・陸別線			
行先	陸別	勝山温泉	緑清園老人ホーム	末広
運行時間	6:24 ～ 19:34*1	7:50 ～ 17:59*2	8:15 ～ 21:51*3	6:56 ～ 20:22*4
運行本数	7	5	5	4
備考	平日			

2020.12.1 改定。1: 土日 10:39 便休、2: 土日 16:04 便休、3: 土日 8:15・17:19 便休、4: 土日 7:11・9:54 便のみ

バス駅名	訓子府	
運行	北海道北見バス	
路線	訓子府・置戸・勝山・陸別線	
行先	北見	
運行時間	6:52 ～ 20:37	6:52 ～ 20:04
運行本数	21	14
備考	平日	土日

JR 北海道バス　広尾駅・えりも駅

　JR 系バス各社は国鉄バスの流儀*を持ち込んだのか駅嗜好が強く、北海道でも御多分に洩れず駅を用いる。時刻表では高速バスにのみ駅を付けているが、実乗すれば当然建物に駅と掲げてあるし、案内でも駅は使われている。

*：1930.12.17 の鉄道省告示第 354 号（同日付官報）で産声を上げた「省営自動車」は、同年 12.20 から岡崎〜多治見と瀬戸記念橋〜高蔵寺で運輸営業を開始した。途中のバス停はすべて停車場とされ、旅客運賃別表には「駅名」が使われている。

　この中で「伊賀八幡」や「三河岩津」といった、駅名重複を回避するための旧国名の付与も鉄道駅並に実施されている。鉄道との通し切符も買えるので、常識的移動範囲での駅名被りは回避する必要があったため。

「広尾駅」

「えりも駅」

　「広尾駅」には旧国鉄広尾線時代もあるが、「えりも駅」は省営自動車日勝線の「襟裳」として 1943.8.1 にスタートを切っている（官報 1943.7.28 付）。

　「広尾駅」には JR 北海道バス日勝線（広尾〜様似）以外に、十勝バスも乗り入れていて案内所まであるが駅なしの「広尾」である*。現地は鉄道記念公園として整備され、建て替えられた「駅舎」も広尾町「ひろおタウンマップ」（2014 年版）では鉄道記念館と表示されているが、町の沿革に「旧広尾駅鉄道記念館を解体し、広尾バス待合所が完成」とある様に 2018 年からは駅名板もつかない微妙な性質の建物となっている。

*: ちほく高原鉄道同様、旧広尾沿線にも駅舎が残るケースがあるがバス停に駅が付く例はなく、愛国・幸福駅なども現存して観光地化を意識してか旧駅案内の車内放送もあるが、通りからは離れていてバス停としては駅なしの「愛国」・「幸福」である。

　バス停名に駅が付かなくても、バス停と至近にある駅舎が写りこんだりすると微妙になってくるのだが、その辺の事情については別途「コラム　写り込み系」で扱った。

バス駅名	広尾	
運行	JR 北海道バス	
路線	日勝線	
行先	様似営業所前	
運行時間	10:00 12:30 17:00	10:00　16:20
運行本数	3	2
備考	平日	土日

※別途、予約制で札幌行きの高速「ひろおサンタ号」が全日一往復あり

　「えりも駅」は広尾〜様似の途中駅でこじんまりとした待合室が建ち「えりも駅」と掲げていて"駅性"に申し分ないが、上述の様に時刻表では「えりも」の表記で（高速えりも号の時刻表のみ「えりも駅」表記）、車内案内では何故か「えりも駅前」だった（この手の名称不統一もバス駅あるあるの一つ）。

バス駅名	えりも					
運行	JR 北海道バス					
路線	日勝線					
行先	広尾		庶野		様似営業所前	
運行時間	6:54 10:49 14:34	7:29　14:34	7:54〜18:54	12:09　18:54	6:39〜18:16	7:25〜17:36
運行本数	3	2	4	2	8	4
備考	平日	土日	平日*¹	土日	平日*²	土日

1:7:54 便はしゃくなげ公園（学休期間運休）、12:09 便は岬小学校前　2:学休期間は 6:39・9:33 便休

北海道中央バス　旧朝日駅前

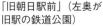

「旧朝日駅前」（左奥が
旧駅の鉄道公園）

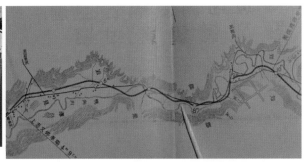

『万字線建設概要』付図（両端が上志文・美流渡停車場）

　1985.4.1 に廃止された国鉄万字線の廃駅にまつわるバス駅。万字線の駅の中では唯一新設された（1919.11.11*）当駅がバス駅として残ったのも皮肉な結果。『万字線建設概要』（鉄道院北海道建設事務所 1914）に掲載の路線平面図には上志文・美流渡の両停車場間に当然朝日駅は見えず、志文駅起点 7 ～ 8 マイルの川沿いの一地点に過ぎない（写真で楊枝の先が後の朝日駅地点）。

*：『岩見沢市史』に拠ると、1907 年に三井物産によって材木輸送のための軽便馬車鉄道が完成して志文～上志文～朝日～栗沢町美流渡を運行した際に一般客も運んだようで、こちらの方が朝日駅としては古顔になる。
　ちなみに、札幌鉄道局編『北海道鉄道各駅要覧』（北海道山岳会 1923）は1919.11.15 開業としている。

　現地には「旧」にしては小綺麗なバス停ポールが立ち、万字線鉄道公園として現存の旧駅の「写り込み」系（P21 コラム参照）としても堪能できるいい雰囲気を出している。

　北海道中央バスの万字線（岩見沢～毛陽交流センター）が通うが、炭鉱廃止絡みの廃線沿いにしてはバス本数が多いのは「大都市」岩見沢のお蔭か。

バス駅名	旧朝日駅前			
運行	北海道中央バス			
路線	万字線			
行先	毛陽交流センター		岩見沢ターミナル	
運行時間	7:57 ～ 19:42	7:57 ～ 17:29	6:44 ～ 17:59	8:34 ～ 17:59
運行本数	7	6	8	6
備考	平日	土日	平日	土日

函館バス　上ノ国駅前

「上ノ国駅前」

旧上ノ国駅舎

　2014.5.12 の廃線がまだ記憶に新しい江差線の上ノ国駅にまつわるバス駅。商工会館となった旧駅舎も現存で、ドアには「上ノ国駅」表記も確認できるが、間近のバス停名は江差木古内線「大留」。

　肝心の小砂子線（原口漁港〜江差）の「上ノ国駅前」バス停は"駅前"交差点を曲がった国道 228 号線上にあり、ログハウス風の待合室が設えてある。函館バスの路線やダイヤ情報を検索すると「上ノ国駅前」は表記されておらず「大留」に寄生する形にされているが、ポールにしっかり「上ノ国駅前」と表記してあるので気にしないで取り上げた（小砂子線の運行時刻表には、ちゃんと「上ノ国駅前」としてある）。

　沿線には道南トロッコ鉄道が運行されるなど駅を名乗り続けてもよさそうなバス停もあるが、今の所はこの「上ノ国駅前」だけで"上様"のお蔭と有難く思っておく。

バス駅名	上ノ国駅前		
運行	函館バス		
路線	621/622 系統		
行先	原口漁港前	小砂子	江差ターミナル
運行時間	10:35 13:24 16:25	18:59	7:33〜18:21
運行本数	3	1	5
備考	全日	全日	全日（土日は 7:53 便欠）

Column　写り込み系

冒頭に記した様にバス停名に駅が入っていなくても、路線図やダイヤなどに駅が残存するケースは現役バス駅と見做したが、駅名の入った待合室等の建物のみが残っている場合は「写り込み」として審議対象になる。これは、スナップショットとして「駅前風景」が実現可能なシーンでは、デンシャに乗れると勘違いするおっちょこちょいが出現する可能性が否定できないという事情による。

九州の部で紹介する有家駅はこの「写り込み」系で、正統派*で風格もあるので異論は少ないと信じたいが、一般には駅を冠しないバス停と一体化した「駅施設」がある場合は扱いが微妙になって来る。

*：○○駅のホンモノ看板が出ているものを自分勝手に「正統派」としたので、「有家」は文句なしの正統派適合で採用のパターンになる。但し、「有家」バス停に「有家駅」が写り込む様に、バス停名と駅名看板の「語幹」部分（本ケースでは『有家』）が一致することが条件になる。

北海道の部で見ても、月形当別線の「中小屋郵便局」バス停は道路向かいが旧中小屋駅でも、旧駅が郵便局にネーミングライツ争いで負けたことを記したが、駅側車線のポールが「中小屋」だったら「写り込み」が成立するチャンスはあった（現実には、権利を放棄して「中小屋郵便局」にしてしまって語幹相違状態）。

他方で語幹が一致していても、陸別や足寄など旧池北線沿線に見られた様に、駅のつかない旧駅名語幹のみのバス停が、旧駅「施設」の至近距離に立っているケースでも、「施設」が文字で「駅」を主張していなければ「写り込み」が成立しないとした（下記で詳しく再説明）。

改めて誤誘導可能性判定の "ルール" として箇条書きにすると

・バス停名称に駅が含まれていないが、至近距離に旧駅施設が残っている
・旧駅にホンモノ駅名板が掲げられている（らしいリメークでも見抜けない場合はある）
・旧駅名の語幹がバス停名称の語幹と一致する
・旧駅が別の施設に改名していない（記念館・集会所・道の駅・まちの駅など）

以上の要素を満たしたものを「写り込み」系のバス駅として取り上げた（つもり）。

紛れもない旧駅でそのロータリーなどにバス停があっても、駅が既にバスターミナルや道の駅などに改称しているケースは駅を捨てている（"卒駅"）ということで要件を満たさないので（『語幹』が一致していても）取り上げないことになる。

例で説明すると、今も建物が残る名鉄旧谷汲駅は角度によっては「（旧）谷汲駅」の駅名標が写り込むショットも可

能かも知れないが、バス停名称が「昆虫館前」と既に昆虫館に身売りしているので落選となった（旧の入った駅名板も当然リメークだし）。

旧国鉄宮原線の宝泉寺駅は、現在は宝泉寺温泉観光物産館となっていて*、玖珠観光バスの「宝泉寺」バス停があるが、ザ観光といった感じの駅名看板や道路脇に移設された駅名標などで演出しているものの素直に認める気にならず含めなかった**。

*：公式サイトには「その後宝泉寺駅は駅舎の佇まいを残しながら伝統和風建築宝泉寺駅歴史資料館として長年親しまれていました。宮原線の歴史と宝泉寺駅の名残りを惜しむ地元の方々や県内外の関係者の方々の想いが実り、新たな出会いの場、宝泉寺温泉観光物産館「宝泉寺」として誕生いたしました。」とある。2017.7の改装オープン。

**：「写り込み」系の場合も、家系・家柄は最後の防衛ラインを突破するかどうかの判断材料とはさせて貰った：
甲バス会社⇒乙バス会社、と遷移してバス駅が引き継がれるケースに比べて、鉄道の廃駅の場合は、「当事者」が鉄道⇒バス、と移動しているので、"他人の褌" 具合が強い分辛目の判定にした（上述の谷汲線と宝泉寺駅は、この辛目判定で泣きを見たケース）。

反対に "ルール" を満たせば（誰の？）意図しない写り込みでも、来歴上の問題もなく、バス停と旧駅がビジュアルから

も一体化していれば採用することになる。東北の部で紹介する「蔵王温泉」などは駅名看板のみが温存されていて現施設に写り込んでいる例だが認定した。

などと偉そうなことを書いているが、全国くまなく廻れる訳でもなく、本書においても気づいた限りでの紹介であるに過ぎないのは言うまでもない。

ホンモノ系が安泰かと言うと、紹介した様に実際に堂々とバス駅を宣言していても、名前に駅が入っているだけの哀しい存在が多いのが実情で、当事者の自己申告なので尊重した次第。

国鉄バス系に多い、バス停待合室に昔からの（造り直しの場合もあるが）駅を含んだバス停名（駅名看板だけ残っているケースが多い）が遺産*として存在しているケースでも、実質は没落貴族でよっぽどフツーのバスターミナルなどの方が駅らしい場合もあるが、やはり氏素性がモノを言うというか、既得権益を主張した者勝ちで載せざるを得なかった。

*：省営バス・国鉄バス時代に潰えた時代物の遺物もあれば、JRバスまで細々と名ばかり駅として生き延びた場合もある。該当事例でも「駅」看板を維持しているものは取り上げたが、取り去ってしまえば当然落選となる。こうした旧駅の名残や現駅に、路線バスや自治体運営のバス等が便乗して駅を延命・再生産している現状が本書で浮かび上がっている。

Ⅱ 東 北

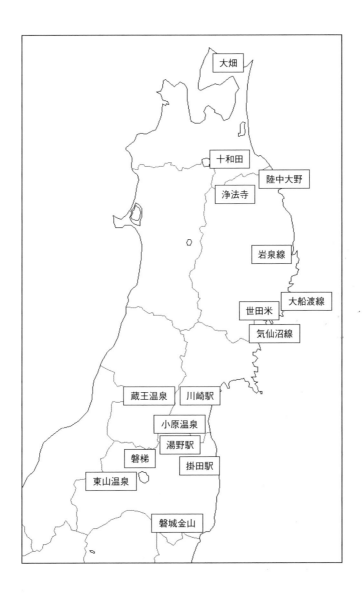

大畑

十和田

陸中大野

浄法寺

岩泉線

大船渡線

世田米

気仙沼線

蔵王温泉　川崎駅

小原温泉

湯野駅

磐梯

掛田駅

東山温泉

磐城金山

下北交通　大畑駅

「大畑駅前」

　下北交通「大畑駅」へは下北駅・むつバスターミナルからの便が通う。ダイヤ等でも基本は「大畑駅」だが、車内音声案内やポールの表示は「大畑駅前」で、大畑線現役時と然程変わらない様子の旧駅舎には大畑出張所の額が掲げられている。動態保存されているだけあってホームやレールも整備されており、知らない人は廃駅とは気付きにくい。

　同社時刻表冊子では、むつ（下北～大畑）・佐井（大畑～佐井車庫）線については「バスの駅大畑」という表記になっていて、サイト内の表での「大畑駅」とは齟齬が生じている。

旧大畑駅舎

　大畑～奥薬研の「デマンド型乗合タクシー」*もあり、無記名ポールも立っているが、ダイヤ上は「旧大畑駅」となっている。こうした不統一が影響したのか、本乗合タクシーの佐井線バスへの接続情報も「バスの駅大畑（旧大畑駅）」を使用している。

*：「むつ市地域公共交通活性化協議会資料」によれば、2009.10.31 に廃止された下北交通の路線バス大畑薬研・小目名線が 2010.8.2 からデマンド型乗合タクシーによる運行に変わったもの。

バス駅名	大畑駅						
運行	下北交通						
路線	むつ線					佐井線	
行先	むつターミナル		下北駅		田名部高校前	佐井車庫	
運行時間	6:10～17:15	12:10 14:00 17:55	6:55～18:53	9:00～17:15	7:15	7:15～17:50	8:45～17:50
運行本数	4	3	8（土曜は7）	5	1	7（土曜は6）	6
備考	月～土	日祝	平日	日祝	全日	平日	日祝

JRバス東北　十和田湖駅・子ノ口駅・田名部駅

「十和田湖駅」　　　　　　　　　　　「子ノ口駅」

　十和田湖行バスの終点である「十和田湖駅」は観光地らしい立派な建物で、でかでかと書かれた「駅」が目に飛び込む。各種表記での扱いは様々で、車内行先案内では駅なしだが、音声案内は駅ありのパターンと、ビジュアル上は建物の「駅」表記に全面依存していることになる。ダイヤ等では「十和田湖（休屋）」と、湖全体を指す様な駅名に「休屋」の注釈を付けている*。

　十和田湖の「入口」にある「子ノ口駅」は十和田湖行のみずうみ号が4本、おいらせ号が2本停まり、逆方向の八戸行き2本、青森駅行き3本に焼山行き1本は「十和田湖駅」と同じなのでダイヤは略（コロナ禍で減便中はいずこも同じなので反映させず）。

*：1934.8.5開業の省営自動車十和田線の「子ノ口」と「休屋」が発祥（官報1934.8.2付）。

バス駅名	十和田湖				子ノ口
運行	JRバス東北				
路線	みずうみ号			おいらせ号	みずうみ・おいらせ号
行先	青森駅	焼山		八戸駅西口	十和田湖
運行時間	10:20　13:15　15:00	11:50		9:10　15:20	10:15～16:18
運行本数	3	1		2	6
備考	全日	全日		全日	全日（帰り便は略）

「田名部駅」

　廃止された大畑線の旧田名部駅（ホームだけが残存）にまつわる*のが「田名部駅」。大湊方面へのバスが多数出ており（田名部発で平日20本、土日で14本。着では平日18本、土日が17本）、目と鼻の先の下北交通（同社による大畑線廃止後には「旧田名部駅」バス停も存在していた）むつバスターミナルの向こうを張っている形。

*：鉄道駅よりは遅れるが、1943.9.15に本田名部（後の田名部）～川内町で省営自動車の運行が始まっており、バス駅としてのスタートはこちらになる（官報1943.9.13付）。

バス駅名	田名部			
運行	JRバス東北			
路線	田名部～大湊駅・自衛隊前・脇野沢			
行先	脇野沢庁舎		宇曽利川	
運行時間	6:35～17:45	6:50～16:40	8:40～18:30	7:35～18:10
運行本数	5	4	10	10
備考	平日	土日	平日	土日

バス駅名	田名部		
運行	JRバス東北		
路線	田名部～大湊駅・自衛隊前・脇野沢		
行先	山田	大湊高校	泉沢
運行時間	10:40 19:19	7:35	7:50
運行本数	2	1	1
備考	平日	平日	平日

十和田観光電鉄　駅通

　十和田観光電鉄の野辺地線、立崎線などのバス停で、県道45号線にあり「十丁目」・「八丁目」云々と経てターミナル「十和田市中央」へは1km程北の位置にあり、電鉄線時代の十和田市駅の名残り*。片側バス停で"北行"側にしか停まらない。こうした普通名詞バス停をバス駅に含めるか微妙な所だが、駅が近いと思って降りる人がいるかも知れないので関連ジャンル代表として一応紹介（P179参照）。

「駅通」バス停

　「十和田市中央」には立ち食い（テーブルもあるが）蕎麦屋も入り、市内循環バスには「駅そば側」と括弧付の説明が付く（反対車線側にもポールがあるための識別目的）という駅臭さを漂わせる。この「そば」が「蕎麦」なら定食で済むが、「傍」だとしたら「駅」に「抵触」なので、これまた惜しい。

十和田観光電鉄　十和田市駅（2012）

*：本数の多い隣の「元町東」バス停の方が旧十和田市駅にほど近い（写真の川沿いの電車後方）。

バス駅名	駅通				
運行	十和田観光電鉄				
路線	野辺地線				立崎線
行先	馬門温泉	七戸案内所	野辺地案内所	七戸十和田駅	湖畔桟橋前
運行時間	6:52 〜 16:52	7:47　7:51	18:52　19:52	13:52　15:32	9:22 〜 18:32
運行本数	6	2	2	2	4
備考	全日	平日	平日（土日は19:52のみ）	平日	平日

岩手県交通　世田米駅前・日頃市駅前

「世田米駅前」

同待合所

「世田米駅前」の"駅"は地名からだが[*]、前を付けると駅という地点（場所）を意識してのことと解釈できる（ので"有罪"）。現地案内図に旧JRバス東北の名残[**]も確認でき、その待合室も住田町コミュニティバス待合室として利用された形跡があり、現在もコミュニティバスの前抜きの「世田米駅」ポールが存在（川口上有住駅線[#]が3往復するが、時刻表では「世田米駅前」になっている）。

　岩手県交通の大船渡〜盛岡の他に陸前高田〜住田線が乗り入れ、大船渡〜住田線が新設された（下記の役場中井線と同じく2020.10.1付）。

[*]：住田町などに拠ると、水沢から盛を結ぶ盛街道は主要な交通路であり、120余りある仙台藩の宿場町の中で、内陸部と沿岸部を結ぶ重要な役割を果たしたのが世田米駅で、盛街道・高田街道・遠野街道の主要な駅だったとしており、その様な背景がなければ地名としての世田米駅も無かったのであろう。

[**]：1947.2.18から運行した国鉄バス遠野線の「世田米」駅が始まりで（官報1947.2.17付）、『住田町50年の歩み』に拠ると、件の遠野本線は2004.3.31で廃止されている。

バス駅名	世田米駅前					
運行	岩手県交通					
路線	大船渡住田線			大船渡盛岡線		
行先	県立大船渡病院	盛駅前	住田高校前	大船渡駅前	県立中央病院前	盛岡バスセンター
運行時間	6:49　8:59	8:59h　13:29h 16:39w　18:34w	8:14　13:01 18:36	9:39〜19:28	6:59	7:54　13:54 16:54
運行本数	2	2/2	3	4	1	3
備考	平日	平日(w)/土日(h)	平日（土日は 8:14のみ）	全日	全日	全日

バス駅名	世田米駅前				
運行	岩手県交通				
路線	陸前高田住田線				
行先	県立大船渡病院	イオンスーパーセンター陸前高田	住田高校前		
運行時間	6:49　8:59	7:09～19:24	9:09　13:09 16:09	7:48～19:48	7:48　12:28 16:28
運行本数	2	5	3	5	3
備考	平日	平日	土日	平日	土日

バス駅名	世田米駅前			
運行	住田町			
路線	川口上有住駅線		役場中井線	
行先	住田町役場	上有住駅	大股中井	住田町役場
運行時間	7:42　9:38　13:47	11:22　13:07　16:01	8:05　14:05	8:49　14:49
運行本数	3	3	2	2
備考	平日		火・金	

#: 岩手県交通の陸前高田住田線が川口～八日町を廃止するのに伴い、前年度の実証運行を経て2011.4.1から八日町～遠野駅と共に住田町コミュニティバスとして本格運行。

「日頃市駅前」は岩手開発鉄道の旅客輸送時代に因むが、路地の先に旧駅舎が現存で駅前がピッタリ来て、使われない駅舎前には大船渡市スクールバスの待合所も見える。盛岡大船渡線が通り、中井線もあったが、2020.10.1で同線が廃止となり、住田町コミュニティバスの役場中井線として再出発するも当駅には来なくなった。代わりに同日新設の上述の大船渡～住田線が停まることに。

「日頃市駅前」

同駅舎

バス駅名	日頃市駅前					
運行	岩手県交通					
路線	大船渡住田線			大船渡盛岡線		
行先	県立大船渡病院	盛駅前	住田高校前	大船渡駅前	県立中央病院前	盛岡バスセンター
運行時間	7:07　9:17	9:17h 13:47h 16:57w 18:52w	7:57　12:44 18:19	9:54～19:43	6:45	7:40 13:40 16:40
運行本数	2	2/2	3	4	1	3
備考	平日	平日(w)/土日(h)	平日(土日は7:57のみ)	全日	全日	全日

JR バス東北　浄法寺駅

「浄法寺」

待合室

二戸駅前から出る唯一の JR バス東北便の終着地が「浄法寺」で、同社サイトの時刻表では二戸発時刻表には「浄法寺」とあるのに対し、浄法寺発時刻表には「浄法寺駅」と記載されている（発車地の方が偉いのか）。ちなみに車内の電光表示は「浄法寺」で、音声案内は「浄法寺駅」、とこちらにも不一致がある。

現地は、以前は駅名の建物があった様だが今はなく、屋根付の待合所のポールも単に「浄法寺」で、脇には真新しい多目的広場休憩室なる待合室が控える。

他にもコミュニティバスの乗り入れがあり、多数の路線が出入りする二戸市は路線図では「浄法寺駅」としつつも、時刻表は駅なしの「浄法寺」（下記に触れた『浄法寺駅～荒屋新町駅線』の線名と同線のみに『浄法寺駅方面行き』の記載が見られる）。

浄法寺駅～荒屋新町駅線は八幡平市との共同運行で平日 2 往復しているが、午後便を担当する二戸市が上記の扱いなのに対し、午前便担当の八幡平市は「浄法寺駅」を使用。

発祥は 1939.11.25 開業の省営自動車二戸線（福岡長嶺～荒屋新町）の「浄法寺駅」（官報 1939.11.21 付）。

バス駅名	浄法寺駅				
運行	JR バス東北				
路線	二戸～浄法寺				
行先	二戸駅		二戸病院		二佐平
運行時間	8:58 17:12 18:42	9:14～18:42	7:10 11:41 13:12	7:27	6:47
運行本数	3	4	3	1	1
備考	平日	土日	平日	土日	平日

バス駅名	浄法寺駅		
運行	八幡平市	二戸市	
路線	浄法寺線	浄法寺駅～荒屋新町駅線	
行先	荒屋新町駅	荒屋新町駅	下藤
運行時間	7:15（18:40）	（7:15）18:40	17:20
運行本数	2（PM 便は二戸市）	2（AM 便は八幡平市）	1
備考	平日		

洋野町営バス・岩手県北バス　陸中大野

「陸中大野」（後方の建物が大野ふるさと
物産館）

物産館正面の陸中大野駅

　2006 年に九戸郡の種市町と大野村が合併して現洋野町になってから、
大野ふるさと物産館と改称された陸中大野駅は、JR バス東北のバス駅と
して誕生＊。洋野町営バス（種市大野線）、岩手県北バス（久慈大野線・
軽米大野線）、南部バス（大野線）の三社が乗り入れるが、岩手県北バ
スの久慈大野線と軽米大野線＊＊は JR バス東北が、それぞれ 2008.4.1 と
2005.4.1 とを以て運行廃止した路線を自治体からの委託で受け継いだもの。
当時の同町広報などには、受け継いだばかりのせいか「陸中大野駅」の
表記が散見される。下記の様に、南部バスが最古参で、洋野町営バスは
2006.4.1 の運行開始。

＊：「洋野町町勢要覧」や町広報に拠ると、国鉄バスが大野経由の北福岡（現二
　　戸）〜久慈と種市経由の八戸〜久慈とで、それぞれ 1947 と 1951 に開業して
　　いるが、省営バス沼宮内本線（茶屋場〜久慈）と同日 11.20 に久慈〜小軽米
　　の軽米線中の方が、バス駅として先に誕生している（官報 1943.11.17 付）。

＊＊：一便が高速バス「ウインディ号」として盛岡駅まで運行されることになり、
　　　"村営バス"としては画期的な取り組みと思われるが、努力空しく不振により
　　　2012.6.14 を以て廃止され軽米インター止まりとなった。下記ダイヤ概要の軽
　　　米大野線の 8:10 便がその名残。

1944.4.7 開通と一番歴史のある南部バスの「大野」ポールは、岩手県北バスと洋野町営バスの「陸中大野」とは離れて置かれている。たまたま通り掛かった町営バスのワゴン車のフロントガラスには「大野」の行先標識が掲げられているなどの呼称の乱れはあるが、現状は「駅」を謳うのは物産館正面の額だけ*で、「写り込み」セーフ故に平家の落人集落宜しく名跡が途絶えていないことを発見した悦びを味わえる。

　町営の患者輸送バスと福祉バスは、ポールは有しないが「ふるさと物産館」を用いている。

*：町広報には「1 階＝陸中大野駅、バス待合室」・「2 階＝物産コーナー、喫茶コーナー」の認識が確認できる。

バス駅名	陸中大野			
運行	洋野町営バス			
路線	種市大野線			
行先	種市庁舎		おおのキャンパス	
運行時間	11:40　15:05	9:28　15:23	8:23　14:20*	8:58　14:48
運行本数	2	2	2	2
備考	平日	土日（要予約）	平日	土日（要予約）

*：大野庁舎止まりの 17:15 便あり

バス駅名	陸中大野				大野	
運行	岩手県北バス				南部バス	
路線	久慈大野線		軽米大野線		大野線	
行先	久慈駅		軽米インター		ラピアバスターミナル	
運行時間	7:00〜18:55	9:00	8:10　13:25　16:20	8:10	6:49　9:04　14:34	9:04　14:34
運行本数	4	1	3	1	3	2
備考	平日	土日	平日	土日	平日	土日

南部バス　2021.4.1 改正

岩泉線代替バス　刈屋駅前・和井内駅入口・和井内駅

「和井内駅」

「刈屋駅前」　　　　　「和井内駅入口」

　最近多い「禍転じて福と為す」の典型パターンで、大赤字だから資金援助しないなら復旧しませんョ式に自然災害起因で廃止された岩泉線にまつわるバス駅。岩手刈屋駅と岩手和井内駅が顕彰されている*。

　代行バスの時代から担当していた、東日本交通というJR東日本の廃止路線の代替バスを請け負うのに打って付けの様な社名の盛岡市に本拠があるバス会社が、2014.4.1の廃止以降も引き続き運行を担っている（JRバス東北に倣ったのか、E5系を模した塗装の車体も使用）。

　ダイヤは廃止によるサービス低下を揶揄されないためか、代行バス時代と殆んど変わっていない。

*：岩泉線は戦後に延伸した区間が多いため、宇津野（廃駅）～岩泉は国鉄バスとしてのデビューが先行する**。たまたまだろうが、バス駅として残った岩手刈屋と岩手和井内の両駅は貴重な鉄道スタート組に属する。

**：茂市から宇津野まで鉄道が開通した状態の小本線が、1947.12.25にバスで宇津野～小本・岩手落合～国境峠が延伸された際に、既存バス路線の押角線（押角～大渡）から改称されて省営バス岩泉線の誕生となる（官報1947.12.22付）のに対し、鉄道駅の岩泉は1972年開設とかなり遅れる。

　鉄道廃止後の岩泉駅は隣接の消防署に名跡を譲る形で現在は「岩泉消防署前」となっていてバス駅にはなっていない。

「岩泉三本松」も同期の省営バス駅だったが、JRバス東北の岩泉営業所に名前を変えて、今も残る早坂高原線などのバス駅として活躍していたが、解体されて2011.4開園の「いわいずみこども園」とされるも、昔の名前の「岩泉三本松」バス停として復活し、安全島と待合室を有する只者ではない存在感を今も滲ます。

「刈屋駅前」は代替バス岩泉茂市線のフリー乗降区間にあり、どこで降りてもよい訳だが、一応の目安として挙げられている。旧駅前には同名の町民バスのポールが立っている。

「和井内駅入口」も同様にフリー乗降区間で、岩手県北バスの同名バス停が有効活用されている。駅前を走る道路からは一本奥の旧バス通りに位置する。

「和井内駅」には東日本交通の「和井内」ポールが立っているが、背景の旧駅がしっかり岩手和井内駅と自己主張していて、「写り込み」系の印象すらある。こちらはフリー区間ではなく格上の存在となる。

バス駅名	刈屋駅前			和井内駅		
運行	東日本交通					
路線	岩泉茂市線					
行先	茂市駅	宮古病院前＊	岩泉病院	茂市駅	宮古病院前＊	岩泉病院
運行時間	6:55 18:05 20:10	9:20	6:14 ～ 18:54	6:45 17:55 20:00	9:10	6:25 ～ 19:05
運行本数	3	1	4	3	1	4
備考	全日			全日		

＊：2021.3.13改正で、一便のみ県立宮古病院まで向かうことに。

※「和井内駅入口」のダイヤは、「和井内駅」から茂市方面が－1分、岩泉方面は同時刻なので省略。

岩手県北バス和井内線が2020.10.11で廃止され、翌10.12から宮古市が新里地域バスとして補完する体制となった。この内の和井内・茂市薬目線と刈屋線が、旧駅に因む「旧刈屋駅前」と「旧和井内駅入口」を停留所名に採用しているが、どちらもフリー乗降区間に当たり、ポールも岩手県北バスの置き駅土産の流用や岩泉茂市線との共用という形を取っている（寄

生主が居らずに、『新里地域バス停留所』という無記名汎用の幟で済ませている箇所もある）。

バス駅名	旧刈屋駅前							
運行	宮古市新里地域バス							
路線	和井内・茂市墓目線						刈屋線	
行先	戸塚			茂市駅*			北山地区総合センター	茂市駅
運行時間	11:47 13:32 16:52	13:32 16:52	16:52	7:11〜 14:36	7:11 14:36	9:51	10:57 15:17	8:10 11:30
運行本数	3	2	1	4	2	1	2	2
備考	月木	火水金	土日	月木	火水金	土日	火水金	

*：7:11 便のみ墓目行き

バス駅名	旧和井内駅入口					
運行	宮古市新里地域バス					
路線	和井内・茂市墓目線					
行先	戸塚			茂市駅*		
運行時間	12:00 13:45 17:05	13:45 17:05	17:05	6:58〜 14:23	6:58 14:23	9:38
運行本数	3	2	1	4	2	1
備考	月木	火水金	土日	月木	火水金	土日

*：6:58 便のみ墓目行き

かわさき町民バス　川崎駅

「川崎駅」

宮城交通川崎案内所（2014）

　宮城県川崎町のかわさき町民バス各路線が「川崎駅」をハブとして発着している（平日のみの運行）。

　秋保線と川崎線で駅無しの「川崎」を採用する宮城交通には2015.12.5まで案内所があり、淵源は同社前身である仙南交通の陸前川崎駅（日本国有鉄道『停車場一覧』に拠ると1931.9.2開業）と由緒は正しく、川崎町が拝借した形。

　タケヤ交通の西部ライナーも川崎町から仙台駅に向けて走っているが、バス停は町役場前の「かわさきまち」で"駅"はスルーしている。

　川崎町観光ポータルサイト「かわさきあそび」に

「羽前街道は、川崎宿（川崎町・笹谷街道）と宮宿（蔵王町・奥州街道）をつなぐ道。平安時代に開かれ、前九年の役や奥州合戦などの軍用路として、また江戸時代初期には山形・秋田の十三藩が参勤交代にも使い、にぎわいを見せました。」

とある様に一応は宿場で、やはりこうした地区に「駅」が生れ易い傾向は見られる。

　ちなみに同町の町民バス時刻表では停留所で手をあげろなどと書いている癖に、肝心の時刻表のバス停名称欄が「駅名」になっているのは、「川

崎駅」に引きずられた結果なのであろうか。

　「川崎」バス停は宮城交通のダイヤで、肝心の「川崎駅」に出入りする町民バスは、青根温泉行きの青根前川線と支倉台行きの碁石支倉線が4往復、下原と安達行きの下原・安達線がそれぞれ2往復、四ケ銘山線と町内循環が2便ずつ、湯坪線が2往復、本砂金行きの本砂金川内線が3.5往復、笹谷行きの笹谷野上線が4.5往復のラインナップで、同駅の通過時刻を示したのが下記表（2021.4改正）。

バス停名	川崎			
運行	宮城交通			
路線	秋保線		川崎線	
行先	仙台駅前		大河原駅前	
運行時間	6:26〜16:16	7:20　18:12	6:40〜18:35	6:53〜17:51
運行本数	4	2	6	4
備考	平日	土日	平日	土日

バス停名	川崎駅					
運行	かわさき町民バス					
路線	青根前川線		碁石支倉線		本砂金川内線	
行先	青根温泉	やすらぎの郷	支倉台終点	やすらぎの郷	内野	やすらぎの郷
運行時間	7:00　13:31 16:31	8:14　10:18 15:48	12:46 15:31	8:21　10:01* 14:43	6:55　13:31 16:31	7:59　10:01 15:19
運行本数	3	3	2	3	3	3
備考	平日		平日	火水金	平日	

*：月木は 10:01 → 9:53

バス停名	川崎駅					
運行	かわさき町民バス					
路線	笹谷野上線			町内循環	湯坪線	
行先	笹谷	野上上	やすらぎの郷	やすらぎの郷	湯坪	やすらぎの郷
運行時間	7:05 13:21/13:39 16:26/16:42	6:40	7:52　9:26 14:41	11:01/11:21 12:01/12:21	14:46/15:00	10:13/10:28 15:21
運行本数	3	1	3	2	1	2
備考	平日			平日	火	

バス停名	川崎駅					
運行	かわさき町民バス					
路線	四ケ銘山線		安達線		下原線	
行先	川崎駅	やすらぎの郷	安達	やすらぎの郷	下原	やすらぎの郷
運行時間	14:46	10:15	14:46	10:32/10:47	14:46/15:00	10:08/10:23 15:16
運行本数	1	1	1	1	1	2
備考	水		木		金	

宮城交通　小原温泉駅

「小原温泉駅」

七ヶ宿町営バスの七ヶ宿白石線と平日のみの白石市民バス「きゃっするくん」の小原線*が通うのが「小原温泉」バス停。現地には「小原温泉駅」と掲げられた古びた待合室が残るが、これは 2010.10.1 廃止の宮城交通の七ヶ宿線の置き土産で、「宮城交通死して駅を残す」の状態。経緯を知らなければ現役のバス駅としての違和感がない「写り込み」バス駅の一つでもある。淵源は 1925.9.5 に開業した仙南交通の連絡運輸路線の小原温泉駅（前掲『停車場一覧』）と古参で、市民が選んだ 2010 年 10 大ニュースの第 11 位にその廃止が「85 年の歴史に幕」とノミネートされたほど。

＊：宮交仙南バスが撤退したことにより 2005.4.1 から、越河・白角・大張・三本木・福岡・小原・薬師堂・白川・大網線を継承してスタートしたのが白石市民バスで（「白石市の交通の現状の整理」2017）、同社で残ったのが青根・永野・七ヶ宿線の 3 路線。この内の永野線も 2007.4.1 で廃止され、青根・七ヶ宿線のみになっていたが（『広報しろいし』2007.3）、命脈を保った一翼の七ヶ宿線が廃止となって（『広報しろいし』2010.10）、市民バスの小原線が誕生。
　　かつての青根線の終着青根温泉には、「足湯　停車場の湯」がある。

バス駅名	小原温泉				
運行	白石市民バス		七ヶ宿町営バス		
路線	小原線		七ヶ宿白石線		
行先	江志前 (火木のみ上戸沢)	城下広場	白石蔵王駅	なないろひろば	ファミマ七ヶ宿店
運行時間	7:00 〜 17:50	7:34　9:51 16:21	8:39　13:33 17:06	9:46　14:40 (土日は 14:28)	17:59
運行本数	4	3	3	2	1
備考	平日	平日	全日	全日	全日

山交バス　蔵王温泉

　山交バスの山形駅前から出る蔵王温泉行きの終着バス停で、季節便として一往復のみが蔵王刈田山頂の「お釜」へとアクセスしている。

バスターミナル

　『停車場一覧』に拠ると、山形交通による自動車線の山形〜蔵王温泉の蔵王温泉駅が 1951.6.10 の開業。現在は「蔵王温泉バスターミナル」*となっているが、窓口もある待合室には年季の入った「蔵王温泉駅」プレートが鎮座しており、その出自の古さを表すと共に現バスターミナルの"駅性"を主張している（『ホームに出ないよう願います』の案内もいいアシスト）。JRバスを筆頭として屋外に駅名プレートを掲げる例はいくつもあるが、つつましく屋内で駅名プレートを提示するのは他に類を見ない内弁慶振りである。

「蔵王温泉駅」

　街中の案内図などにも「温泉バス駅」の表記が残っているが、蔵王中央ロープウェイの温泉駅も案内図に見つかるのでお株を奪われている感もある。

*：路線図やダイヤ上では「蔵王温泉バスターミナル」だが、肝心の建物の表記は「蔵王ターミナル」。山形駅前の案内所で求めた切符の表記は「蔵王温泉」と、ここでも表記の揺れが見られる。

バス駅名	蔵王温泉バスターミナル		
運行	山交バス		
路線	山形駅前〜蔵王温泉		
行先	山形駅前		蔵王刈田山頂
運行時間	7:00 〜 19:50	7:50 〜 19:50	10:10
運行本数	14	13	1
備考	平日	土日	土日（夏季）

2021.4.1 改正

福島交通　掛田駅前

「掛田駅前」

　1971年に廃止された福島交通軌道線の掛田駅に由来する由緒ある駅舎が現存で、出札口には職員の姿まで見られる。福島駅の東口から上ヶ戸経由と大波・宮下町経由の「掛田駅前」行きが出ており、他に伊達市近郊路線や川俣町への路線も通る。

　伊達市公式サイト「伊達市を結んだ鉄道」には、

「掛田駅は、当時の霊山観光の玄関口であり、福島〜掛田駅の路面電車と掛田駅〜霊山登山口のバスの連絡きっぷも発売されていました。現在も、掛田駅の周辺には霊山への案内看板が残っています。また、掛田駅の駅舎は現在も使用されています。保原駅はバスセンターとして残っていますが、ホームは一部削られたうえに建物も改築されました。また、湯野駅も駅舎がバスターミナルとして使用されていましたが、平成12年（2000）に取り壊されたため、掛田駅は路面電車の駅舎が残っている唯一の駅となっています。」

とあり、歴史の証人として貴重な存在なのが判る。湯野駅については次項で紹介。

バス駅名	掛田駅前				
運行	福島交通バス				
路線	伊達・上ヶ戸経由掛田		宮下町・大波経由掛田		霊山循環
行先	福島駅東口		福島駅東口		掛田駅前
運行時間	6:33〜18:20	6:40〜18:20	6:52〜18:08	6:56〜18:08	7:15〜18:50*1
運行本数	9	7	12	9	5
備考	平日	土日	平日	土日	平日

1: 11〜2月は17:50発

バス駅名	掛田駅前				
運行	福島交通バス				
路線	山野川経由霊山神社	川俣＝掛田		川俣＝追分	―
行先	霊山神社	京田		追分	掛田小学校
運行時間	6:20〜18:40*2	7:00〜19:15	10:55　14:50　16:35	6:59〜18:45*3	7:42〜16:21
運行本数	6	5	3	5	4
備考	平日	平日	土日	平日	学休期間運休

2: 11〜2月は17:40発　　　3: 11〜2月は17:45発

福島交通　湯野駅

「湯野駅」

　「掛田駅前」の項でも触れたが、元は福島交通の路面電車の湯野町駅で、飯坂温泉とは川を挟んで向かい合う位置にあり、バス駐車場スペースにポツンとバス停ポールが置かれている。往時は賑わったのであろうが*、今や田舎の商店街の路地を曲がった先の異次元空間で、気付くのも困難なスポットの割には、伊達駅へ直行で行ける穴場（福島駅にも行けるが、フツーは橋を渡って現役親類の福島交通飯坂線を選択するだろう）。

*：前掲「伊達市を結んだ鉄道」には、1908年に長岡（現JR伊達駅）～湯野で開業の信達軌道が、1914年と後から参入した現福島交通飯坂線に飯坂温泉アクセスの主導権を奪われ、観光路線としての使命を失った経緯も記されている。

バス駅名	湯野駅		
運行	福島交通バス		
路線	瀬上経由福島		杉の平
行先	福島駅東口		杉の平
運行時間	6:42～17:00	7:45 14:35 17:10	6:50～17:50
運行本数	4	3	4
備考	平日	土日	月～土

磐梯東都バス　裏磐梯高原駅

「裏磐梯高原駅」（磐梯東都バス）

「裏磐梯高原駅」（会津バス）

　民事再生法の適用申請をして会社再建中の会津乗合自動車が、2011.9.1に猪苗代営業所を閉鎖し、磐梯東都バスが路線を引き継いでいて猪苗代駅方面と喜多方駅方面へのアクセスがある。

　桧原湖周遊の「森のくまさん」号も夏季・秋季に季節運行している。

　撤退した筈の会津乗合は一日一便（13:15発）東京駅・羽田空港行き高速バスを運行している。

　待合室に「裏磐梯高原駅」としっかり書かれており、車内案内でもちゃんと「駅」が付く。会津乗合自動車の連絡運輸路線時代は「磐梯高原駅」（『停車場一覧』に拠れば、1943.3.21開業）だったのが、待合室の「観光略図」に往時の名残として確認できる。

　2020.12.1改正の冬季ダイヤを示す。

バス駅名	裏磐梯高原駅					
運行	会津乗合自動車	磐梯東都バス				
路線	裏磐梯・猪苗代〜東京・羽田空港	裏磐梯〜猪苗代駅*	喜多方線			
行先	羽田空港国際線ターミナル	猪苗代駅	喜多方駅	喜多方駅	アクティブリゾーツ裏磐梯	アクティブリゾーツ裏磐梯
運行時間	13:15	7:35〜17:50	6:53〜18:33	6:53〜16:43	7:33〜20:04	10:09〜20:04
運行本数	1	6	8	7	8	7
備考	全日	全日	平日	土日	平日	土日

*：夏季は五色沼便あり

バス駅名	裏磐梯高原駅	
運行	磐梯東都バス	
路線	森のくまさん桧原周遊	
行先	高原周遊	桧原湖周遊
運行時間	9:40　13:40	10:40　14:45
運行本数	2	2
備考	2020.8.1〜11.3	2020.8.1〜11.3

会津乗合自動車　東山温泉駅

　会津若松市まちなか周遊バスの「あかべぇ」・「ハイカラさん」*がやって来て観光路線なので本数も多い。以前は市街循環の飯盛山まわりと鶴ヶ城まわりとして時計・反時計回りで運行していたのを、2011.10.1 にまちなか周遊バスに統合した際に、それまでは「東山温泉駅」には来なかった「あかべぇ」も「ハイカラさん」との対称性を増す形で延伸された。

「東山温泉駅」

*：「会津若松市地域公共交通網形成計画」
　　（2016）に拠れば、2001.7 に「まちなか周
　　遊バス運行事業実行委員会」による 2 年間
　　の実証運行が実施され、遅れて 2007.8 から
　　「ハイカラさん」の逆方向を走る「あかべぇ」
　　の運行を開始している。

若松駅前のまちなか周遊バス
（2007.8 右奥はピカリン号**）

**：2006 年から旧北会津町と会津若松市街
地を結んできた北会津地域巡回バス「ピカリン号」は、路線見直しにより、2018. 3.31 で運行終了し、新鶴線と統合されて「北会津・新鶴線」として再スタート。

　原型は会津乗合自動車の連絡運輸路線の「東山温泉駅」で、磐梯高原と同じく 1943.3.21 からの営業。

バス駅名	東山温泉駅			
運行	会津乗合自動車			
路線	あかべぇ		ハイカラさん	
行先	(循環)			
運行時間	7:00 ～ 16:31	7:45 ～ 16:31	8:37 ～ 19:28	8:37 ～ 18:47
運行本数	11	9	18	17
備考	平日	土日	平日	土日

JR バス関東　磐城金山駅

「磐城金山」

現地案内板の「磐城金山駅」表記

　旧国鉄棚倉線が起源で現 JR バス関東の白河～棚倉を結ぶ白棚線に建物のみ駅（の味わい）が残る系のバス駅があり、それがこの「磐城金山駅」。沿線に「国鉄バス」の表記も残る味わい深い線ではある。

　路線自体も結構な部分が専用道になっており、BRT の仲間に入れようか迷う位[*]。但し、路盤の状態は悪く、轍部分のみアスファルトが凹んでいて揺れることこの上ない。

　水郡線にアクセスするとは言え、終始福島県内を走る本路線は、長野方面と共に何故か「関東」が運行。

[*]：JR バス関東サイトには「白河市と東白川郡棚倉町を結ぶ白棚線は、昭和 32 年に日本で初めて線路敷をバス専用道路に転用して誕生しました。開業当初は 24km あったバス専用道路の大部分は一般道に転換されましたが、残された 7.5km の専用道路を現在も走行しています。」と紹介がある。

バス駅名	磐城金山				
運行	JR バス関東				
路線	白棚線				
行先	白河駅	新白河駅	磐城棚倉駅	祖父岡	
運行時間	6:18 ～ 20:25	7:10　7:20	10:34 ～ 21:04	6:44 ～ 20:04	6:44 ～ 20:04
運行本数	16	2	5	13	11[*]
備考	平日（土日は 16:15 便運休）	平日（土日は 7:10 のみ）	全日	平日	土日

[*]：平日便の 7:14・19:24 が運休

JR東日本　気仙沼線・大船渡線 BRT　各駅

ホームに面して「陸前港」、
待合室壁に「陸前港駅」(2013)

ロータリー時代の気仙沼駅
(2013)

「志津川駅」(BRT) と「BRT
志津川駅」(ミヤコーバス)

　言わずと知れた気仙沼線の前谷地〜柳津以外（一部のバスは前谷地まで向かう）と大船渡線の一ノ関〜気仙沼以外の部分で、東日本大震災からの復興過程でバス輸送に転換し、旧線路敷を専用バス道として運用し「BRT（バス高速輸送システム）」を名乗る。

　同社サイトには「BRTの駅（停留所）は、地元の暮らしに密着。行政施設や病院のほか、仮設商店街、地域の立ち寄り施設などにも設置しています。日常の足として、観光の足としてご利用いただけます。」と「停留所」もチラつかせながら、発祥が鉄道駅だったことや鉄道会社が専用道バス輸送に移行させた経緯から、駅を名乗る蓋然性は高いということで、ゼロからスタートの一般道上のバス停を含めて駅扱いしている。

　鉄道事業としては2020.4.1で廃止になったが「駅」称は続けている（"駅"は鉄道の専有物ではないので、それ自体は僭称などと指弾されるべき性質のものではないが）。『JR時刻表4月』では3.19締のせいかBRTは鉄道時代のまま黒棒線だったが、5月の時刻表から地図の路線表記が白抜きになった（JR東日本公式サイトの路線図では、廃止前後で両BRTと他の自社路線との表記に違いは見られないが、同社新幹線車内サービス誌『トランヴェール』掲載の路線図は白抜きの時刻表型を採用）。

復興関連事業や河川堤防工事などにあわせて、専用道の延伸工事が進捗するため駅の移動や新設などが多いのも特徴で、バス駅のリスト化に意味があるのか微妙だが、バス停の廃止や改称もあることなので記録に留めるという観点から一応羅列しておく*。

*：鉄道駅の場合は駅舎正面などに「駅」付きで、ホーム上には「駅」無しで駅名が掲示されることが多いが、本BRTでも「ホーム」部に"裸"で駅名が掲げられ、待合室には「駅」が付いているケースが多い（写真の「陸前港」を参照）。

BRT 気仙沼
柳津駅　陸前横山駅　陸前戸倉駅　志津川駅　南三陸町役場・病院前駅
志津川中央団地駅　清水浜駅　歌津駅　陸前港駅　蔵内駅　陸前小泉駅
本吉駅　小金沢駅　大谷海岸駅　陸前階上駅　最知駅　岩月駅　松岩駅
赤岩港駅　気仙沼市立病院駅　南気仙沼駅　不動の沢駅　気仙沼駅

BRT 大船渡
気仙沼駅　鹿折唐桑駅　八幡大橋（東陵高校）駅　上鹿折駅
唐桑大沢駅　長部駅　陸前矢作駅　陸前今泉駅　奇跡の一本松駅
竹駒駅　栃ヶ沢公園駅　陸前高田駅　高田高校前駅　高田病院駅
脇ノ沢駅　西下駅　小友駅　碁石海岸口駅　細浦駅　大船渡丸森駅
下船渡駅　大船渡魚市場前駅　大船渡駅　地ノ森駅　田茂山駅　盛駅

　これらバス駅に乗り入れる路線バスも各種ある訳で、BRT 気仙沼について見てみると、ミヤコーバス（含む気仙沼市民バス）が「南気仙沼駅」・「本吉駅前」の駅あり型の他に、裸で「大谷海岸」と「不動の沢」（一応、「気仙沼市立病院」もエントリー）、それに異称同居の「赤牛海岸（BRT 小金沢駅）」のバス停を設けている。志津川のケースでは、本家が一般道に「志津川」のポールのみなのに対し、ミヤコーバスは「BRT 志津川駅」という公式名称をバス停に掲げている（バス路線図上では副名称として他にBRT 気仙沼・小金沢・大谷海岸・本吉駅が"BRT 表示"されているが、

現地ポールへの表記は無い）。

　気仙沼市内循環バスは「気仙沼市立病院」と「南気仙沼駅」に立ち寄っている。

　気仙沼市民バス乗合タクシーの本吉三陸線には「本吉駅前」があり、南三陸町バスは「歌津駅」と「志津川駅」に同名バス停がある。
※ BRT 駅と併設バス停の関係については、後述「Ⅷ　BRT 系」を参照。

　BRT 大船渡については、陸前高田市を例に取ると、コミュニティバスの各路線がハブとなる「陸前高田駅」を中心に展開しているが、こうした相乗りケースはバス駅を有するとすべきなのであろうか迷う（視覚上は鉄道の来ないバス駅を有効活用しているから、同罪だとは思われる）。

盛駅（2014）

　駅型が、「陸前高田駅」・「陸前今泉駅」。駅前型が、「竹駒駅前」・「矢作駅前」に、大船渡市内の「小友駅前」・「細浦駅前」（岩手県交通の碁石線も）・「大船渡駅前」といったところで、陸前略の「矢作駅前」は置いておくとして、「陸前今泉駅」に到ってはBRT駅新設に伴い旧称の「気仙町高台」からの変更になるが、旧称のままの路線バスポールがBRT「陸前今泉駅」

柳津駅（2020）

に置かれるエラーによって一駅増やす珍事も起きている＊。

　気仙沼市内に入っては、「鹿折唐桑駅」についてはミヤコーバス（市民バス鹿折金山線・大島線）が「鹿折唐桑駅前」なのに対し、岩手県交通（一関大船渡線）は「鹿折駅前」と足並が揃わず、差別化したかったのか新駅を作りそうな事態となっている（残りのバス駅の「陸前高田駅」と「大船渡駅前」は足並みを揃えている）。鹿折金山線単独では大船渡線

BRT 扱いの終端上鹿折駅が「上鹿折駅前」になる。

ミヤコーバス「片浜」と並ぶ「松岩駅」（2014）

＊：JR の西下駅に岩手県交通の「三日市」バス停ポールが並置されていたりするのは、参照間違いとして処理するか、単なる呉越同舟と見るのか判断に迷うところであるが、駅が付かないと土俵に上がっていないことになるか。BRT 気仙沼の場合でも、専用道に移動（2018.7.1）する前の例だが、「松岩駅」バス停とミヤコーの「片浜」バス停が同居していた（写真参照）。

気仙沼線で挙げた「志津川駅」の場合は、同居するミヤコーバスは「BRT 志津川駅」とバス停名称を"駅"止めにするキケンな命名法で、「BRT 志津川駅」バス停と見るならセーフだが、「BRT 志津川駅」バス駅と見做すと「駅駅」の誕生となる（「コラム　駅駅とバス停バス停」参照）。

※柳津と盛は現役の鉄道駅があってバス駅にはならないが路線データ紹介のために挙げた（当事者が言うので BRT 駅ではある）。相乗り組の路線バスについては、BRT 扱いのミヤコーバス鹿折線以外は略。

バス駅名	気仙沼		柳津	盛	
運行	JR 東日本				
路線	大船渡線 BRT	気仙沼線 BRT	気仙沼線 BRT	大船渡線 BRT	
行先	盛　方面	柳津　方面	気仙沼　方面	盛　方面	
運行時間	5:40 〜 22:10	4:50 〜 21:15	5:54 〜 20:55	5:27 〜 21:07	5:27 〜 21:07
運行本数	15	31	15	26	21
備考	全日	全日	全日	平日	土日

バス駅名	気仙沼駅前	上鹿折駅前
運行	ミヤコーバス	
路線	大船渡線 BRT	
行先	鹿折金山	気仙沼駅前
運行時間	7:55 〜 17:55	7:14 〜 18:35
運行本数	5	5
備考	平日（土日は 7:55 便運休）	平日（土日は 7:14 便運休）

Ⅲ　関　東

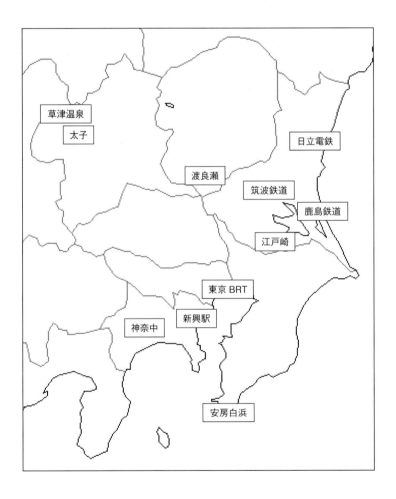

草津温泉

太子

日立電鉄

渡良瀬

筑波鉄道

鹿島鉄道

江戸崎

東京 BRT

新興駅

神奈中

安房白浜

関東鉄道バス　北条駅入口

「北条駅入口」

旧北条駅

　筑波鉄道の北条駅に因むが、サイクリングロード「りんりんロード」と化した軌道敷とホームが残る北条駅からは離れていて（『筑波鉄道死してホームを残す』よりは『サイクリングロード残す』の印象）、いまだに名前だけは駅前商店街となっている通りがバス通りと交差する付近にある。

　"駅入口"は嘘ではないが、駅前を想像すると裏切られる。"駅跡入口"とする訳にもいかず、町内にバス停が多いので商店街入口としての個性を残す苦肉の策なのか。土浦駅とバスターミナルの「筑波山口」（こちらの方が駅舎を含めてしっかりと旧駅の遺構が残る筑波駅だが『駅』の文字は見当たらない）を結ぶ線なので本数は多い。土浦駅～下妻駅は関鉄パープルバスとしての運用になっている。

　つくば市コミュニティバス「つくバス」の小田シャトルは北条地区を走っているが、駅名のバス停はない。その代わりと言うか、筑波地区支援型バスの実証実験（2019.4.1 ～ 2022.3.31）が行われており、その内の第3コースに「北条駅入口」バス停があり、関東鉄道バスのポールと並んで立っている。

　同市の乗合タクシー「つくタク」にも「北条駅入口」が設定されている。但し、同市サイトには「つくタクの利便性向上や乗降の安全性確保等の観点から、つくタク乗降場所の新設と移設を随時行っています。」ともあり、上記の実証実験と合わせて季節モノのエピソードと化す恐れはある。

　観光路線の筑波山神社まで直行する筑波山シャトルは「筑波山口」には別ルートで向かい、通過もしない。

バス駅名	北条駅入口					
運行	関東鉄道バス					
路線	土浦〜筑波山口・下妻					
行先	筑波山口		下妻駅		土浦駅西口	
運行時間	8:00〜21:50	8:25〜20:05	7:30〜20:05	7:45〜19:05	5:25〜19:15	6:25〜18:20
運行本数	16	11	9	6	26	17
備考	平日	土日	平日	土日	平日	土日

バス駅名	北条駅入口	
運行	筑波地区支援型バス	
路線	3コース上り	3コース下り
行先	筑波交流センター	筑波ふれあいの里入口（つくば湯）
運行時間	8:28〜16:53	8:58〜17:23
運行本数	5	5
備考	全日	全日

「筑波山口」

桜川市バス　旧酒寄駅跡

「旧酒寄駅跡」

桜川市バスの「筑波山口」へ向かうつくば市との広域連携バス「ヤマザクラGO」に「旧酒寄駅跡」があり、「旧」と「跡」で挟む念の入れようで、1987.4.1に廃止された筑波鉄道の酒寄駅に因む（そんなに思い入れあるのなら廃止するなよと思う）。現地は道路片側に駅跡を活用した停車スペースに入線でき、2018.9完成の真新しい屋根つき待合所もある。近くの前述「筑波山口」から桜川市中心部に一時間に一本程度出ている。

　2011.3の廃止以前は関東鉄道バスの「酒寄」だったものを、町おこしなのか他に適切な名称がないのか現バス停名での復活となった。停車場所を提供してくれたお礼のネーミングライツみたいな感じなのかも。

※同市公式サイトに「平成23年3月をもってすべての路線バスが廃止となった」とある可哀想な桜川市は、「桜川市地域公共交通網形成計画」に拠れば、2016.10.1からコミュニティバスの実証実験は開始する一方で（2017.3.31まで）、2008.4.1からのデマンドタクシーの時代から「旧酒寄駅跡」は存在し、利用数がベスト2の人気スポットだった。

バス駅名	旧酒寄駅跡			
運行	桜川市			
路線	ヤマザクラGO			
行先	桜川市役所岩瀬庁舎 (7:21のみ岩瀬高校南)	桜川市役所岩瀬庁舎	真壁城跡	筑波山口
運行時間	6:46～18:26	6:46～18:26	14:31　19:11 20:41 ／ 19:11	6:50～20:15
運行本数	10	10	3 ／ 1	14(土日11)
備考	平日	土日	平日 ／ 土日	平日

JRバス関東　江戸崎駅

「江戸崎駅」

　土浦駅からのJRバス関東便が多数通い、時代を感じさせる待合所に「江戸崎駅」と張り出されている。

　関東鉄道バスの竜ケ崎市駅・竜ケ崎駅・ひたち野うしく駅への便も出ているが、「江戸崎」で駅無し。

　桜東バスの佐原・神崎・角崎線も出ているが、こちらも「江戸崎」で駅は使わないものの、現地のポールにはしっかりと「江戸崎駅」とある。

　稲敷市ブルーバスの浮島・神宮寺・鳩崎線も「江戸崎」に通じるが、やはり駅は不使用。

　同市コミュニティバスの江戸崎西地区ルートと上君山ルートの巡回も「江戸崎」を経由し、表記は駅抜き。その四達振りは羨ましいが、ルートを把握していないと乗るのに躊躇する。

　淵源は土浦～佐原の省営自動車霞ヶ浦線の江戸崎駅で1947.3.25と戦後の立ち直りが逞しい（官報1947.3.24付）。

バス駅名	江戸崎		
運行	JRバス関東		
路線	土浦駅～江戸崎		土浦駅～江戸崎　南平台経由
行先	土浦駅		土浦駅
運行時間	6:50～19:30	5:35～19:40	7:10　9:10　16:15
運行本数	18	13	3
備考	平日	土日	平日（土日は9:10のみ）

バス駅名	江戸崎				
運行	関東鉄道				
路線	竜ケ崎市駅	竜ケ崎駅		ひたち野うしく駅	
行先	竜ケ崎市駅	竜ケ崎駅		ひたち野うしく駅	
運行時間	7:10	9:50～18:10	9:50～17:00	6:10～18:45	6:50～16:00
運行本数	1	5	4	5	4
備考	全日	平日	土日	平日	土日

バス駅名	江戸崎					
運行	桜東バス					
路線	江戸崎佐原線		江戸崎神崎線	江戸崎角崎線		
行先	佐原駅	幸田車庫	下総神崎駅	新利根地区センター・角崎坂下	吹上・江戸崎総合高校	
運行時間	6:55～17:30	7:30～16:30	8:20 18:30 19:30	8:20～18:20	6:55～18:28	7:49～19:26
運行本数	8	5	3	4	6	6
備考	平日	土日	全日	全日	全日	全日

バス駅名	江戸崎					
運行	ブルーバス					
路線	浮島線		神宮寺線		鳩崎線	
行先	パルナ前		桜川公民館・聖苑香澄	江戸崎総合高校・江戸崎	稲敷市役所	野原集落センター
運行時間	7:10～17:30	8:40 13:10 15:35	7:10～18:40	8:01 9:28 13:26	7:44～15:44	8:10～16:10
運行本数	7	3	6	3	5	5
備考	平日	土日	全日	全日	平日	平日

バス駅名	江戸崎			
運行	稲敷市コミュニティバス			
路線	西地区ルート		上君山ルート	
行先	時計回り	反時計回り	時計回り	反時計回り
運行時間	11:40～16:20	6:40 9:00 17:30	11:37/12:25～16:17/17:25	6:42/7:40 9:07/9:55
運行本数	4	3	4	2
備考	全日		全日	

櫻東バス「江戸崎駅」

JRバス関東・館山日東バス　安房白浜駅

JRバスあるあるで「安房白浜駅」も建物だけに「駅」が残るパターンだが、2017年に改築された際にも「駅」を残しており*、窓口も健在。館山日東バス（2020.10.1から日東交通）も乗り入れており、両社とも館山駅方面に一時間一本程度出ている。高速バスもあり、JRバスは「房総なのはな号」で東京駅に、

「安房白浜駅」

館山日東バスは「南総里見号」で千葉みなと駅にアクセスできる。

*：南房総市『広報みなみぼうそう』2017.7号は、「『安房白浜駅』が新しく便利に」と題して、1967年から使用の施設を建て直して6.27から供用開始とする。また「名称の『安房白浜駅』は、白浜地域の皆さんに馴染みが深く、強い希望があった経緯から、市として残したものです」だそうで、コラムには、

「鉄軌道が無いのに… 『なぜ安房白浜駅なの？』

諸説ありますが、バスには鉄道の補助・代行という使命があることや、鉄道と同様の旅客・貨物を扱っていたことから、安房白浜駅は、自動車『駅』として扱われていたようです。ジェイアールバス関東㈱によると管内でも『駅』と呼ばれているのは、安房白浜駅を含めて2駅しかないとのこと。」

と恐らく高遠駅と絡めて来歴に触れている。バス駅デビューは1933.1.20の省営バス北倉線。

バス駅名	安房白浜					
運行	JRバス関東			日東交通		
路線	館山～安房白浜		房総なのはな号	館山駅～安房白浜		千葉館山線
行先	館山駅		東京駅日本橋口	館山駅	千倉駅	千葉みなと駅
運行時間	6:10～19:10	6:10～19:10	6:10～17:10	6:50～17:50	9:45～16:25	6:32～16:18
運行本数	14	12	7	5	6	6
備考	平日	土日	全日	全日	全日	全日

横浜市営バス　新興駅前

「新興駅前」県道6号線側

「新興駅前」神奈川産業道路側
（奥が新興駅交差点）

貨物線の森緑道と ENEOS ▶
正門に残るレール（2014）

貨物の旧新興駅*に因むバス停で、残っていた引込線は撤去されて「貨物線の森緑道」になっているが、現在も「新興駅前」を名乗る。

大黒埠頭方面へ行く路線と鶴見・新子安・生麦駅方面への各路線があり、本数も多い。バス停も三か所に配置されている。交差点名に「新興駅」が残っているのも「写り込み」系のサポートとして嬉しい。

*:『横浜市統計書』では、新興駅は2003年度を最後に翌年度から貨物発着量が記載されなくなり、2010年分からは駅名項目自体がリストから外されている。1934.2.28 付官報に拠ると1934.3.1 の開業。

バス駅名	新興駅前				
運行	横浜市営バス				
路線	17系統		181系統		
行先	鶴見駅前		横浜さとうのふるさと		
運行時間	9:11〜15:06（土は15:01）	6:41〜19:11	6:16〜21:37	6:21〜21:37	6:26〜21:37
運行本数	7	14	85	39	21
備考	平日	日祝	平日	土	日祝

バス駅名	新興駅前			
運行	横浜市営バス			
路線	19系統		19系統	
行先	新子安駅前		新子安駅前・生麦	
運行時間	10:51〜21:10	16:51 17:51 18:51	6:13〜15:23	6:13〜9:23
運行本数	21	3	21	7
備考	平日	土日	平日	土日

神奈川中央交通　豊田本郷駅・金目駅・大山駅

　神奈中バスの国鉄との連絡運輸時代の名残が三つのバス駅に見られる。最盛期には「豊田本郷駅」・「大山駅」のある大山線と「金目駅」のある秦野線の他に、阿久和・半原・厚木・中野・中津線があって多数のバス駅を抱えていたことについては『神奈川　駅尽くし』（以下、前著）に詳しいので参照されたい。

　「金目駅」は平塚駅～秦野駅のメインルート上にあって賑わい、東海大学行きの便もある（『停車場一覧』・『神奈川中央交通50年史』に拠れば、1952.7.16の連絡運輸開始からのバス駅）。

　「豊田本郷駅」は戦前からの平塚駅～大山町の連絡運輸路線上（伊勢原自動車時代の1940年開始）にあり、今も平塚駅～伊勢原駅の多種ルートが行き交う。北行きと南行きとでバス停位置が異なり、南行きの方が昔ながらの雰囲気をわずかに残している。当駅には、平塚駅からの平88～96系統が伊勢原方面に、金目駅には同じく平塚駅からの平71・73～75・77系統が秦野方面に、多数出入りして流石のバス駅という風格。

「金目駅」

「豊田本郷駅」南行き側

　大山参りが盛んだった頃の遺産で、大山町（1954.12.1に伊勢原町と合併するまでの町名）駅だったが今は町が抜けて「大山駅」になっている。現在はバス発着所と参道沿いの二か所に「大山駅」が置かれ、本来の「大山町駅」の後身に当たる前者は平日早朝二本（5:55と6:15発）と土曜早朝一本（6:20発）のみが出るという化石の様な存在。

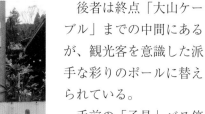

「大山駅」参道側

「大山駅」始発便用ポール

「子易」

後者は終点「大山ケーブル」までの中間にあるが、観光客を意識した派手な彩りのポールに替えられている。

手前の「子易」バス停での表記では、「大山駅」は以前から「駅」にテープを貼って「大山」にされていて、行先も「大山ケーブル駅」としながらも、バス停名は"駅"を消し込んで正しく「大山ケーブル」としており、駅有無の揺れが見られる*というか、「駅」の扱いに困惑した様な形跡が見て取れる。

*：「入口」や「前」が付かない「大山ケーブル」は大山ケーブル駅の最寄りなので、駅付でも良さそうだが、バス停から登り坂を15分程歩かないとケーブル駅には辿り着かないのでクレーム対策で控えたのか。

"ケーブル"を掲げているので見え見えだが、駅を抜いておくと期待してなかった「駅」があって嬉しいパターンを狙えるかも知れない。

「大山駅」は上記の様に伊12系統の始発のみが出るバス停（2021.2.22で6:15発が6:29発に改定）と、伊勢原駅〜大山ケーブルの中継地として伊10・17系統が多数通うメインとがある。
※便数多数のため神奈川中央交通についてはダイヤ全体の表は略した。

中之条町営バス　旧太子駅

ホーム後ろがホッパー

「旧太子駅」

　1971.5.1 に廃止された国鉄吾妻線の支線にあった太子駅（『停車場一覧』に拠れば 1952.10.1 開設）にまつわるバス駅で、中之条町と合併した六合村での公共交通となる町営バス*が長野原草津口駅〜花敷温泉を結び、夏季（5.1 〜 10.20）には野反湖まで延長して運行される。

*：「中之条町合併協議会だより」などに拠れば、JR バス関東の「長野原・草津口から花敷線及び野反湖線」が 2009.3.31 までの運行となり、実証実験を経て平成 22 年度から村営バスとして六合村が運営を引き継いでいた（ローズクイーン交通に委託）。

　町公式サイトに拠れば、「旧太子駅は、日本鋼管㈱群馬鉄山の鉄鉱石を運ぶ専用線「太子線」の始発駅として、戦時中の昭和 20 年に開業、昭和 27 年には旧国鉄に編入されました。昭和 29 年には地元住民の要請を受けて旅客営業を開始したものの、昭和 41 年に群馬鉄山が閉山、昭和 46 年に太子線は廃線を迎えました」とある。

　「当時のホッパー棟やホーム、駅舎の復元などを行い「旧太子駅」として平成 30 年 4 月から一般公開を始めました」と最近になって廃駅にスホットライトが当たった*。

「日本一の無蓋車公園」も目指していて、2021.6.11 にも静岡鉄道が同社「トコ1号」を無償譲渡することが発表されたばかり。

*: 2021.2.4 に「旧太子駅ホッパー棟」が国の登録有形文化財になっている（同日付官報）。

　現地はバス停ポールの立つ通りから見下ろす位置にホッパーと共にホームや駅舎が再現されている。文化財の威光もあってか立派な看板がポール脇に立つが、最多一日4往復の町営バスと来ては、新設バス停に観光客輸送の大任は荷が重そうだ。

バス駅名	旧太子駅					
運行	中之条町					
路線	六合地区路線バス					
行先	長野原草津口		野反湖	花敷温泉	花敷温泉	
運行時間	7:21〜16:13	10:13 13:21 16:13	7:54 * 10:56 13:59	17:07	7:54〜17:07	10:56 13:59 17:07
運行本数	4	3	3	1	4	3
備考	平日（通年）	土日（通年）	平日（夏季）	全日（夏季）	平日（冬季）	土日（冬季）

*: 土日は運休

JR バス関東　草津温泉

「草津温泉」各駅停車ポール

長野原草津口駅の各駅停車と急行

　1988 年に完成の現施設「草津温泉バスターミナル」の属性は自動車ターミナルらしく、館内に利用規定が掲示されていた。官報 1935.12.9 付に拠ると、上州大津〜上州草津の省線上州草津線が 1935.12.11 に自動車線で開業していて、その時点からの営業ということになる（草軽電鉄の草津温泉駅への接続前提）。既述の様に、バスターミナルなどの名称を掲げて"卒駅"状態だと本来は扱わないのだが、「蔵王温泉」と同レベルで「衣の袖から駅が見える」ために、駅隠匿嫌疑について公判維持が可能と判断した。

　先ず、構内にみどりの窓口があることが挙げられる（構内案内には『草津温泉駅事務室』とある）。観光客が多いため切符の事前購入を勧めていて、求めたバスの乗車券は「草津温泉 BT」発行の「草津温泉」からのものだったが、鉄道切符については、操作上の都合からか「草津温泉駅」の発行となっていた。

　一階入口ドア部には草津温泉駅の文字が貼られ、使われていない「草津温泉駅」の案内灯も残るなど、館内が駅ダダ漏れ状態なのだった（喫茶『バーンホーフ』もいいアクセント）。

　こうした、建物がバスターミナルでも駅であり続ける状態を反映するか

の様に、街中の観光マップにも「草津温泉駅」が括弧書きで付いているのを確認できる。一方で、ダイヤや路線図からは駅は一掃されているのだが（「草津温泉」派と「草津温泉バスターミナル」派があるが）、肝心のJRバスが意外な抜け駆けをしているのだった。

　行楽客などが混乱を来さない様にとの配慮からだろうが、長野原草津口〜草津温泉にノンストップの急行バスとフツーの路線バスが混在するために、急行と各駅停車との識別を行っている。これを真に受けると、草津口隣接の「須川橋」から「草津温泉」までの全バス停が駅ということになる。

バス駅名	草津温泉				
運行	JRバス関東			JRバス・草軽・西武	
路線	長野原草津口〜上州大津〜草津温泉			草津温泉〜白根火山線	
行先	長野原草津口		JRバス長野原支店前	白根火山	
運行時間	6:20〜19:50	11:00 13:15	7:40	9:00〜15:20	9:00〜14:20
運行本数	15	2	1	7	7
備考	全日	臨時列車時	平日	平日	土日

バス駅名	草津温泉			草津温泉バスターミナル		
運行	草軽交通バス		西武観光バス	草津町		
路線	病院・急行線	草北線	草津温泉〜軽井沢線	町内巡回バス		
行先	軽井沢駅北口	北軽井沢	軽井沢駅（北口）	A巡回（温泉街周辺）	B巡回（前口方面）	C巡回（南本町・昭和区方面）
運行時間	9:50〜15:50	14:30	8:40　12:45	8:00〜17:50	8:20〜18:20	8:01〜17:30
運行本数	4	1	2	13	7	7
備考	全日		全日	全日		

バス駅名	草津温泉バスターミナル					
運行	JRバス関東		東急トランセ			上田交通
路線	上州ゆめぐり号		たまプラーザ・二子玉川・渋谷ー軽井沢・北軽井沢・草津温泉			上田草津線
行先	バスタ新宿	東京駅日本橋口	たまプラーザ駅	二子玉川ライズ・楽天クリムゾンハウス	渋谷マークシティ	上田駅
運行時間	6:00〜16:00	14:30	14:45	15:45	16:45	12:55 15:55
運行本数	7	1	1	1	1	2
備考	全日	臨時列車時	全日			全日

夏季ダイヤ

小山市おーバス
コウノトリ渡良瀬遊水地駅・ラムサール渡良瀬遊水地駅

「コウノトリ渡良瀬遊水地駅」

「ラムサール渡良瀬遊水地駅」

　2019.3.13 から運行の小山・栃木両市のコミュニティバス 2 路線が相互に乗り入れる、栃木県内初の広域公営バスが「渡良瀬ライン」で、「コウノトリ渡良瀬遊水地駅」と「ラムサール渡良瀬遊水地駅」が設けられている。

　「コウノトリ渡良瀬遊水地駅」は小山市の生井桜づつみ公園に置かれたバス停で、“の”を入れて“遊水地の駅”*とでもして「道の駅」アピールをした方が良かったとも思うが（『の』の有無によって罪深さは大分違う）、ラムサール条約に配慮したのかベンチとトイレしかなく、「道の駅」としても“駅未満”なのが現状。「終点」の「ラムサール渡良瀬遊水地駅」とは歩いて数分の距離で目と鼻の先。

*：ザッと調べた感じでは国内に「沼の駅」はない模様だが「遊水地の駅」で妥協する手もあっただろう。類似例としての「湖の駅」も意外と見つからず、頼みの綱の琵琶湖「浜大津アーカス」に「湖の駅」があるにはあるが、読みは「うみのえき」の「湖の駅（うみのえき）」となっている。他に有名どころでは、ダム騒動で名を馳せた八ッ場に 2020.11.6 オープンの「八ッ場湖の駅丸岩」があるが、こちらも「湖（みず）の駅」を名乗っていて、「みずうみ」案は水に流れやすいのか人気がないようだ。

栃木市ふれあいバス「部屋南部桜づつみ公園」*と両面表示になっている共用バス停ポールの裏面が「ラムサール渡良瀬遊水地駅」。現地は栃木市藤岡町部屋で、公園オーナーは栃木市だからであろう、栃木市ふれあいバスの面が表側で、裏面が小山市コミュニティバス「おーバス」の表記になっている。

　こちらも敢えて開発行為は実施しない方針なのか、だだっ広い駐車場のみでトイレ以外は飲料自販機すら置かれていない。

*：栃木市サイドは「ふれあいバス」部屋線の一停留所として扱い、"駅"は付していない。

バス駅名	ラムサール渡良瀬 遊水地駅	コウノトリ渡良瀬遊水地駅	
運行	小山市おーバス		
路線	渡良瀬ライン		
行先	新市民病院		ラムサール渡良瀬 遊水地駅
運行時間	9:00〜16:25	9:01〜16:26	8:49〜15:59
運行本数	4	4	4
備考	全日	全日	全日

「部屋南部桜づつみ公園」

かしてつバス　各駅

「小川駅」

「玉造駅」

「石岡南台駅」

　鹿島鉄道の 2007.4.1 廃止後の石岡駅〜鉾田駅を一部専用道を使って関鉄グリーンバスが「かしてつバス」として運行して BRT と称している。駅をバス停名に付しているのは、両端の石岡駅・新鉾田駅を除くと、石岡南台駅・東田中駅・玉里駅・新高浜駅・四箇村駅・小川駅・玉造駅・鉾田駅だが、一般道上のバス停＊を含めて BRT 駅という理解だと

「鉾田駅」

駅メンバーは大幅に増す。現行は石岡駅〜四箇村駅が専用道なので、この区間については文句は言いにくい。茨城空港行きの便もある。

＊：鉄道駅に接続する両終端はバス駅ではないが、石岡駅は旧駅前ロータリーの活用で貴種感はあり、玉造〜小川は他の路線が走らない一般道の経由なので駅を名乗りやすい環境ではある。

　「鹿島鉄道跡地バス専用道化事業」が正式名称らしく、石岡市公式サイトは「平成 19 年 4 月から鹿島鉄道代替バスが運行され」たが利便性に難があって「バス利用者は鉄道時の約 4 割と大きく落ち込」んだため、対策として「鹿島鉄道の廃線敷きのうち，石岡駅から四箇村駅までの区間を全国初の公設民営方式によりバス専用道化し，定時性と速達性のあるバスを運行する “地方型 BRT” の実証運行を平成 22 年 8 月に開始し……（略）……平成 24 年度から本格運行を行ってい」るとする。事業概要には、

　　○計画区間：石岡駅〜旧常陸小川駅（7.1km）

○運行開始区間：石岡駅～旧四箇村駅（5.1km）

○道路の幅：4m ～ 6.5m（市道として整備し，バス専用道として規制します。）

とあり、狭義のBRTは石岡駅～旧四箇村駅で、旧四箇村駅～旧常陸小川駅は延伸予定区間ということになりそうだ。

「石岡駅」は以前は線路を挟んで反対側のバスターミナルのフツーのバス停だったが、持て余し気味の整地された駅跡地に移って「らしく」なった。念のために記すが、ここは単なる駅前バス停でバス駅には当たらない（BRT駅だとの主張であれば尊重するしかないが）。

「石岡南台駅」は今や邪魔となった立派なホーム脇に停車し、跨線橋も使われていない。

「小川駅」は旧施設が撤去されて小綺麗なロータリーになっている。

「玉造駅」も同様に路地の先の回転場の様な雰囲気。

「鉾田駅」は駅舎が撤去され、ホームが崩れ始めている一般的な駅前ロータリーのバス停状態。

バス駅名	石岡駅					
運行	かしてつバス・茨城空港連絡バス					
路線	石岡駅～茨城空港・新鉾田駅					
行先	小川駅		茨城空港	鉾田駅		新鉾田駅
運行時間	6:00～21:55	6:25～21:55	6:35～20:15	14:35～20:55	14:35～20:55	6:50 8:50 10:05
運行本数	13	7	16	7	5	3
備考	平日	土日	全日	平日	土日	平日（土日は6:50便欠）

バス駅名	鉾田駅		小川駅	
運行	かしてつバス・茨城空港連絡バス			
路線	石岡駅～茨城空港・新鉾田駅			
行先	石岡駅*1		石岡駅*2	
運行時間	6:00～19:35	6:30～19:35	5:35～21:20	6:00～21:20
運行本数	10	8	39	31
備考	平日	土日	平日	土日

1: 茨城空港（1本）と新鉾田駅（3本）行きは略、2: 茨城空港及び鉾田方面は略

ひたち BRT　各駅

「河原子（BRT)」

「南部図書館」

「久慈浜駅前」

　2005.4.1 で廃止になった日立電鉄の跡地を活用した新交通で、日立市は「専用の走行空間を有するバス交通を高度化した都市交通システム（Bus Rapid Transit：略して「BRT」といいます）です。基本的にバスですので、道路があれば、どこにでも自由に走行することができ」るとアピールする。JR 大甕駅～日立おさかなセンターで 2013.3.25 から運行。地域性も関係するのか停留所を用いており、「駅」の使用は控えている。

　　「大甕駅」は当初の東側のロータリーから、2019.4.1 から電鉄構内跡地に整備された西側ロータリーに移設され、「大甕駅前」から現行の「大みか駅西口（学園前）」に改称（現地ポールは「大甕駅西口（学園前）」で、正式には漢字表記か）。但し、見栄えはあるがこれまたバス駅ではない。

　南部図書館～河原子（BRT）が専用道で、河原子の日立側には線路跡の築堤も残る。

　「南部図書館」は旧久慈浜駅で遺構風のオブジェも残っているが、ひたち BRT ではない 92 系統日立南交流センター行きのバス停には「久慈浜駅」表記も残り、お里が知れると言うか別の勘違い型バス駅が出現する事

態となっている。

　当事者日立市の認識は「専用道内の停留所」が 14 か所という公式サイトの記載から推測されるが、単に BRT であるという考えの模様。バス停ポールは派手なブルーで赤ではない点には意地を感じる。

バス駅名	大みか駅西口				
運行	茨城交通				
路線	ひたち BRT				
行先	大甕工場前	おさかなセンター		多賀駅前	
運行時間	7:30 ～ 8:30	6:30 ～ 22:54	6:34 ～ 22:04	6:00 ～ 22:09	6:41 ～ 21:11
運行本数	10	38	32	65	30
備考	平日	平日	土日	平日	土日

参考までに、2002 年の常北太田駅の写真を載せた。

Ⅳ　中　部

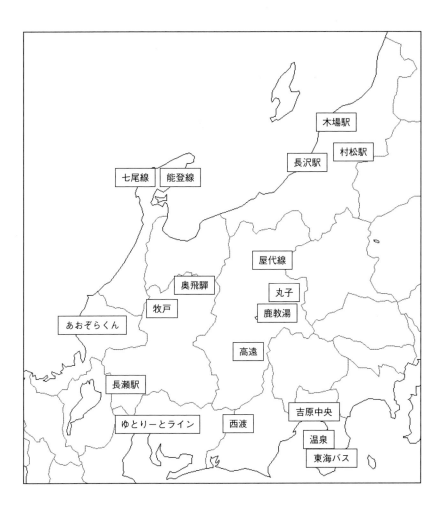

木場駅

村松駅

長沢駅

七尾線　能登線

屋代線

奥飛騨

牧戸

丸子

鹿教湯

あおぞらくん

高遠

長瀬駅

吉原中央

ゆとりーとライン　西渡

温泉

東海バス

伊豆箱根バス　温泉駅

「温泉駅」

　伊豆箱根バスには戦前からの連絡運輸由来のバス駅が、元箱根・道了山の他に"温泉駅"が二つあった。古奈温泉駅は「古奈温泉南口」となり消えたが、長岡温泉駅は「温泉駅」として現存する（『停車場一覧』に拠れば1928.12.19開業）。現役の鉄道駅もあるので「長岡温泉駅」は名乗りにくいという事情はありそうだが、次項に登場する修善寺の「温泉場」と区別したかったのかも知れない。

　現地にはガソリンスタンド風の建物があり、タクシー乗り場と併設のバス乗り場に「温泉駅」のポールが鎮座している。観光客などに誤解を生じない様にとの配慮からだろうか、伊豆の国市サイトなどでは、市内施設の「長岡温泉駅（バスターミナル）」と紹介されている。

　伊豆長岡駅へのルートがメインだが、他に沼津駅・三津シーパラダイスへの便も頻繁に出ている。

　観光型MaaS「Izuko」取組の一環として、イチゴ狩り客向けに期間限定で「IZUベリーBUS」も運行され、IZUベリーパスポートが売り出される（「長岡温泉（温泉駅）」の表記）*。

*：伊豆の国市広報は「伊豆地域において、さまざまな公共交通機関や観光施設、観光体験をスマートフォンで検索・予約・決済できる観光型MaaS「Izuko」の実証実験を実施中です。その一環として、市内では、いちご狩りセンター

や北条義時公ゆかりのお寺、韮山反射炉、伊豆長岡温泉街などを巡る「IZU ベリー BUS」が運行しています」と紹介（2021.2 号）。

バス駅名	温泉駅			
運行	伊豆箱根バス			
路線	伊豆長岡駅〜沼津駅・シーパラ線・長岡温泉場循環線		沼津駅〜伊豆長岡駅線	
行先	伊豆長岡駅		沼津駅	
運行時間	6:47 〜 20:54	6:56 〜 20:12	6:38 〜 19:38	6:38 〜 19:38
運行本数	59	48	24	18
備考	平日	土日	平日	土日

バス駅名	温泉駅				
運行	伊豆箱根バス				
路線	伊豆長岡駅〜シーパラ線		伊豆長岡駅〜長岡温泉場循環線		ベリーバス
行先	三津シーパラダイス		（循環）		（循環）
運行時間	6:23 〜 20:23	6:23 〜 18:23	8:48 〜 20:08	8:48 〜 19:58	9:06 〜 15:36
運行本数	18	15	13	14	6
備考	平日	土日	平日	土日	2021.1.9 〜 3.31

東海バス　修善寺温泉駅・土肥温泉駅・宇久須駅

　1931.5.15 付の官報で鉄道省の連帯運輸が同年 6.1 から省営自動車以外の路線バスにも認められた際に、いち早く参入した東海自動車（熱海伊東線）は国鉄との連絡運輸の名残のバス駅が結構残っていたが、現存するのはこの 3 駅。

「修善寺温泉駅」

「土肥温泉駅」

　伊豆箱根鉄道の修善寺駅と紛らわしいが、同駅から頻繁に出ているバスに暫く乗った先にあるのが「修善寺温泉駅」。「修善寺温泉駅」とデカデカと書かれた待合室には「修善寺駅　電車連絡　バスのりば」ともあるが、ポールには大人しく「修善寺温泉」とされている。温泉を終点とせず先に行く便は、広い通りをそのまま進むので路地を入ったこの待合所とは違うポールで乗り降りすることになる（ので『駅』とは遭遇しない）。修善寺駅とのシャトル便が多数出ており、他に湯船口まで延びる他系統が 4 往復。

　新宿への高速バス「伊豆長岡・修善寺温泉ライナー」も一往復設定されている。

　伊豆箱根バスも走るが路線図では「温泉場」で、副駅名なのか「修善寺温泉（修禅寺）」とされる。便数は自社駅からの発着ということで東海バスより多い（月～土　18 便、日祝　17 便）。

　土肥温泉には「土肥温泉駅案内所」と掲げられた立派な伊豆市観光案内

所があり、バス停などは「土肥温泉」なので、案内所などが「駅」という乗りか。観光地らしく修善寺・三島方面と宇久須（松崎）方面に一時間一本以上のアクセスがある。

　「宇久須駅」は表示・案内ともに駅なしだが、建物にはしっかりと「宇久須駅」とあって現役営業中で「駅業務」をこなし職員も駐在、と単なる名ばかりよりはしっかりしている。近くに「バイパス宇久須」もあるが、こちらはただのバス停。

「宇久須駅」

　宇久須〜松崎は案内所〜営業所ということもあり、堂ヶ島経由で一時間一本程度の便があり（下田駅直行便もある）、同様頻度で土肥・修善寺方面への便も出ている。

　往年の連絡運輸時代は「駅」だった「松崎」バス駅は、待合所の構えなどに駅臭さは残すが、"現駅"の痕跡は見つからないフツーの営業所。隣接して「農の駅」があるのが唯一の救いか。

※本数が多いため神奈川中央交通と同様にダイヤ全体の表は略した。

浜松市　西渡駅

「西渡駅」（2016）

　如何にも国鉄バス系らしい建物だけに「駅」残存のケースで（"昔の名前で出ています"型とか"忘れられる権利あり"型とか呼びたい位）、遠鉄バスが2019.9.30で撤退したため、翌日から浜松市の自主運行バス北遠本線として運行されていて4往復が通う。

　浜松市の佐久間・山香・城西・浦川地区（予約制土曜運行の中部天竜駅～福沢龍頭大橋線のみ）ふれあいバス*も「西渡駅バス停」から中部天竜駅方面に向かう。北遠本線のダイヤ上は「西渡」なので、「西渡バス停」でも良かったのだが、お蔭でバス駅仲間が増えた。

*：水窪タクシー公式サイトによると「ふれあいバスは、平成22年10月1日より水窪ふれあいバス（旧称市営バス及び患者バス）、佐久間ふれあいバス（旧称福祉バス及び医療バス）として有料運行」を開始している。

　ちなみに時刻表では「停車場所」の表記を用いている。

　現地案内板には「この地内は古くから天竜川の『港町』として塩をはじめ、酒・味噌・醤油等の生活物資が荷揚げされ、水運と陸運（信州街道『塩の道』）の結節点として重要な位置にあり、『宿場町』として栄えました」とあり、やはりバス駅*が置かれるだけの栄光の過去を背負っているのだった。

*：スタートは省営バス天龍線の1946.10.10に遡る（官報1946.10.8付）。

バス駅名	西渡駅	
運行	浜松市	
路線	北遠本線	
行先	西鹿島駅	水窪駅
運行時間	7:13～16:22	10:54～19:30
運行本数	4	4
備考	全日	全日

バス駅名	西渡駅バス停						
運行	佐久間地区ふれあいバス（地区略）						
路線	1号車			2号車			
行先	歴史と民話の郷会館	城西ふれあいセンター	福沢日向終点	歴史と民話の郷会館	城西ふれあいセンター	佐久間病院・歴史と民話の郷会館	
運行時間	17:35	13:01 16:21	13:05	9:20 14:38	8:15 13:16 15:45	9:49 15:04	8:52 14:37 17:35
運行本数	1	2	1	2	3	2	3
備考	月	金	月	月	水	水	木

バス駅名	西渡駅バス停						
運行	佐久間地区ふれあいバス（地区略）						
路線	3号車				4号車		
行先	舟代大石宅下	中部天竜駅・佐久間病院・歴史と民話の郷会館			城西ふれあいセンター	歴史と民話の郷会館	
運行時間	12:20 14:24	7:24～13:28	7:24～15:06	7:24 8:14 13:28	8:07 12:49	9:05	17:35
運行本数	2	4	4	3	2	1	1
備考	月金	月木金	火	水	火	火	木

バス駅名	西渡駅バス停		
運行	佐久間地区ふれあいバス（地区略）		
路線	予約制		
行先	中部天竜駅		福沢龍頭大橋
運行時間	7:24 13:28	18:56	13:12
運行本数	2	1	1
備考	土	月火木金	土

富士急静岡バス　吉原中央駅

「吉原中央駅」(2014)

「吉原中央駅」(2016)

　富士山麓電気鉄道自動車線の後身である富士急静岡バスの「吉原中央駅」は、富士急行の富士宮線に 1950.2.1 開業のバス駅。2013 年 1 月で営業所としては営業終了となり、駅名表示の建物だけが残る状態だったが 2015 年 4 月から改修工事に入り小綺麗なバスステーションとして復活している。

　富士市の方針で、富士駅・新富士駅と並ぶ「都市の核」とはしながらも、今後はハブとしてよりは富士駅からの便の通り道になる様だが、無数の富士急便が発着している状況には変わりない。

　プロパーな路線バス以外にも、富士市自主運行路線のふじかぐやの湯線やモーニングシャトル、吉原富士駅北地区コミュニティバス「うるおい」、ひまわりバスの吉原中央駅循環「みどりコース」・「おれんじコース」、まちなか循環バス「ぐるっとふじ」などが来ていて、全て堂々と「吉原中央駅」を名乗る。

　富士急の路線バスは無数にあるのでダイヤ紹介は略し、コミュニティバスのみを記す。

バス駅名	吉原中央駅		
運行	富士市自主運行		吉原富士駅北地区コミュニティバス
路線	ふじかぐやの湯線	モーニングシャトル	うるおい
行先	ふじかぐやの湯	富士駅南口	富士駅
運行時間	8:15 ～ 17:45	6:30　7:25	6:40 ～ 18:15
運行本数	4	2	9
備考	全日	月～土	月～土

バス駅名	吉原中央駅					
運行	ひまわりバス		まちなか循環バス			
路線	吉原中央駅循環		ぐるっとふじ			
行先	みどりコース	おれんじコース	左まわり		右まわり	
運行時間	8:15/8:45 ～ 15:30/16:00	9:45/10:15 ～ 16:15/16:45	10:45 ～ 22:30	10:45 ～ 18:15	10:20 ～ 23:05	10:20 ～ 18:20
運行本数	6	6	13	9	14	9
備考	月～土	平日	平日	土日	平日	土日

越後交通　長沢駅跡

「長沢駅跡」

「長沢駅跡バス停」

　JR弥彦線の以前の終着駅だった越後長沢駅（1985.4.1廃止）にまつわり、雪国ならではなのか今も大きめの待合所が設置されている。

　東三条駅と八木ヶ鼻温泉を結ぶ便の中間地点で、福沢地区へのローカル線もわずかに出る。

　越後交通の「長沢駅跡」ポールと並んで、小振りな「長沢駅跡バス停」ポールも佇んでいる。618か所ある三条市デマンド交通「ひめさゆり」の停留所の一つがこの「長沢駅跡バス停」で、「バス停」まで引用する傍系意識をにじませている（"バス停バス停"についてはコラム参照）。眼の前の交番脇には目立たない駅跡の碑もある。

　高校生通学ライナーバスとしての運行もあって、朝夕の便がある。

バス駅名	長沢駅跡				
運行	越後交通				
路線	東三条駅前八木ヶ鼻温泉				長沢駅跡福沢線
行先	八木ヶ鼻温泉		東三条駅前		福沢
運行時間	7:40〜20:40	7:40〜19:30	7:00〜18:40	7:00〜17:35	17:30　18:35
運行本数	11	7	11	7	2
備考	平日	土日	平日	土日	平日

新潟交通　木場駅跡

「木場駅跡」

越後交通に張り合うかの様に、新潟交通にも駅跡型バス停がある。新潟交通味方月潟線にある「木場駅跡」バス停で、廃止された新潟交通の川沿いにあった旧駅に因む。バス停ポールのみの存在で、いま何故"駅跡"なのかという感じだが、映画『ガメラ2 レギオン襲来』で全滅破壊された仙台市を「旧仙台駅前」シーンとして描くのと似ている心性か。以前は「黒崎農協前」だったが、肝心の施設がなくなって2009年完成の農協販売所「茶豆の里」に出世したため、主のいないバス停の救世主として駅跡に白羽の矢が立った。

　ハブの青山バスターミナルとの行き来となるので、地味な見た眼に反して便数は多目。

　2020.11.21のダイヤ改定で本数が2割程度削減された。「"新しい生活様式"で生じた需給バランスの調整」のための「『供給過多な状態』の解消」と「利用状況に合わせた運行便の需給調整を実施」だそうだ。

バス駅名	木場駅跡			
運行	新潟交通			
路線	味方月潟線			
行先	月潟		青山*	
運行時間	9:19 〜 22:17	9:23 〜 21:43	6:05 〜 18:22	6:50 〜 18:10
運行本数	11	7	12	7
備考	平日	土日	平日	土日

2020.11.21 改定　*: 7:06 は新潟駅前直行

五泉市ふれあいバス・加茂市営市民バス　村松駅

1999.10.3 に廃止となった蒲原鉄道の村松駅舎が今も残り、五泉市のコミュニティバス「ふれあいバス」（従前の市内バス路線を再編成して 2010.10.1 スタートの基幹バス）が五泉駅方面と結び、村松地区の東側を巡る時計回りと西側地区を走る反時計回りがある。前者はループ運行のために「村松駅」を二回通過する。

旧村松駅建屋

隣接の加茂市営市民バスの村松線も加茂市役所へ向かって出ている*。本家である蒲原鉄道が運行する新潟駅への高速バスは「村松駅前」と前が付く**。

*：蒲鉄小型バス路線の廃止に伴い、2009.10.1 から代替バスとして運行開始。

**：同社公式サイトに拠ると、1994.7 からの運行で、当初は新潟交通観光バスとの共同運行だったものが、2014.10 から単独運行に移行。

「村松駅」

バス駅名	村松駅			
運行	五泉市ふれあいバス (基幹バス)			
路線	反時計回り		時計回り *	
行先	五泉高校前		五泉高校前	
運行時間	6:41 ～ 19:11	7:00 ～ 18:31	7:33 ～ 19:41	7:33 ～ 17:39
運行本数	12	9	15	12
備考	平日	土日	平日	土日

*：村松駅止まりの 8:15 以外は 2 度目停車あり

「村松駅前」

バス駅名	村松駅前		村松駅	
運行	蒲原鉄道		加茂市営市民バス	
路線	五泉・村松～新潟線		村松線	
行先	新潟駅前		加茂市役所前	
運行時間	7:00 ～ 17:30	7:30 ～ 16:00	7:08	8:33
運行本数	6	6	2	
備考	平日	土日	全日	

JR バス関東　高遠駅

「高遠駅」

「高遠駅前公園」

　伊那市からのバスが通うバスターミナルで、時刻表でも車内案内でもしっかり「高遠駅」とされ、味わいのある建物には「高遠駅」の看板が目立つ。JR バス関東には定期便の伊那・古屋敷線の他に、茅野駅～高遠駅～仙流荘の「南アルプスジオライナー」、木曽福島駅～高遠駅～仙流荘の「パノラマライナー」の季節便もあり、この「高遠駅」を経由する。JR バス系としては珍しい勢いを感じさせるバス駅である＊。

＊：1948.1.20 から省営高遠線の自動車駅としてスタート（官報 1948.1.17 付）。

　伊那市の三義・長谷循環バスと長谷循環バスもここから出ており、路線図・ダイヤ共に「高遠駅」を採用。伊那市の高遠循環タクシーも眼の前から出ているがポールは「高遠駅前公園」で順逆共に 2 周便がある（但し、平日の月・木曜日のみ）。

バス駅名	高遠駅				
運行	JR バス関東				
路線	高遠伊那線				
行先	上伊那農業高校	伊那中央病院		JR バス車庫前	
運行時間	6:53　7:30	8:15 ～ 15:07	9:25 ～ 15:35	12:30 ～ 18:45	7:40 ～ 18:45
運行本数	2	6	4	5	4
備考	平日	平日	土日	平日	土日

バス駅名	高遠駅			
運行	JR バス関東			
路線	高遠伊那線			
行先	高遠さくらの湯		高遠高校前	
運行時間	11:04　12:00	11:04　12:14	7:39　8:10	8:10
運行本数	2	2	2	1
備考	平日	土日	平日	土日

バス駅名	高遠駅		
運行	JR バス関東		
路線	高遠古屋敷		
行先	古屋敷	食彩館・いろは堂薬局前	古屋敷
運行時間	9:05 〜 18:30	10:22　13:21	8:45　13:45
運行本数	7	2	2
備考	平日	平日	土日

バス駅名	高遠駅				
運行	伊那市				
路線	三義・長谷循環バス			長谷循環バス	
行先	高遠中学校東	高遠駅		岩入	
運行時間	6:00	12:03　15:10　15:14（水は 16:05）	17:44（夏季は 18:14）	7:30 〜 17:20（夏季は 18:30）	7:30 〜 16:40（冬季 11:40 便欠）
運行本数	1	3	1	7	5
備考	平日	平日	平日（予約制タクシー）	平日	土日

バス駅名	高遠駅前公園	
運行	伊那市	
路線	高遠循環タクシー	
行先	左回り	右回り
運行時間	8:30　14:00	10:55　11:55
運行本数	2	2
備考	月木	月木

千曲バス　丸子駅前／上田市バス　丸子駅

丸子駅ロータリー（手前に古レール）　　　　丸子（町）駅ポール群

　1969.4.19 に廃止された上田丸子電鉄丸子線の丸子町駅に因むバス駅が千曲バスの「丸子駅前」で、跡地はバスロータリーとなり、これ見よがしに一本の古レールが仕切りとして置かれていた。

　デマンド交通の武石スマイル号も「丸子駅」から平日のみの4往復がある。

　他に上田市バスとして以下の社線が控えるが、「丸子町」を採用している派もいる。

・東信観光バスの丸子線が「丸子駅」で日祝以外に6往復あり、2020.4.1で千曲バスから運行が東信観光バスに移った丸子地域循環バス「まりんこ号」は月〜土で東西コースを3周しており、こちらは「丸子駅前」を採用。

・JR バス関東の長久保線（上田駅〜長久保）は平日8往復あるがバス停は「丸子町」。

・上田バスの西丸子線（下之郷駅〜丸子町）は日曜以外に7.5（土曜は4）往復あるも、やはり「丸子町」。

　こうした"丸子軍団"のお蔭でバス停ポール売り場かと突っ込みたくなる位にポールが林立していて活気があり、「駅前通り」や「駅前郵便局」も現存で、別所温泉線の様に生き残れなかったのだろうかと思えてしまう。

　藤原鎌兄『健勝地高日本　信濃及濃飛両越参遠等高日本地方観光案内』（高日本社 1938）は丸子町について、

　「丸子鉄道と上田温電両電車の連絡地にして、和田嶺越え省営バスの始発点*なると共に、内村温泉郷行バスは、西方奥地の鹿教湯・霊泉寺等の温泉場及西北方面の諸名所にも連絡して居る」

と往時からの繁栄振りを今に伝える。

*：省営バス和田峠北線（丸子町～上和田）の「丸子町駅」は 1933.3.23 開業（同日付官報）だが、参照先は 1918.11.21 開業と先輩格の丸子鉄道の丸子町駅（鉄道省『鉄道停車場一覧』1937）。

「丸子駅」のダイヤは上田市バスとデマンド交通で

バス駅名	丸子駅	
運行	東信観光バス	武石スマイル号
路線	丸子線	丸子地区
行先	立科町役場前	武石
運行時間	8:13 ～ 19:00	8:00 ～ 15:45
運行本数	6	4
備考	月～土	平日

駅前系は次表の面々になる。

バス駅名	丸子駅前				
運行	千曲バス				
路線	鹿教湯線			武石線	
行先	下秋和車庫		鹿教湯車庫	巣栗上・築地原	下秋和車庫
運行時間	6:40 ～ 20:40	7:25 ～ 19:35	7:25 ～ 19:28	16:34　17:34　18:34	7:10　7:55
運行本数	16	10	7	3	2
備考	平日	土日	全日	平日*	

＊：土日祝は 2019.12.28 運行廃止

バス駅名	丸子駅前			
運行	まりんこ号			
路線	東コース	東コース	西コース	西コース
行先	中央病院前			
運行時間	9:21 12:16 15:41	10:56 14:21 17:11	8:40/9:00 11:30/11:50 14:55/15:15	10:00/10:20 13:25/13:45 16:20/16:40
運行本数	3	3	3	3
備考	月水金	火木土	火木土	月水金

千曲バス　鹿教湯温泉駅

「鹿教湯温泉」

車内電光表示と音声案内のみに「駅」が残存する蜃気楼風な存在。

千曲バスの上田駅への路線バスと特急に当たる上田〜松本線には千曲バスとアルピコ交通が参入している。本数は多くはないが、そこそこのレベルは維持*。

上記の様に、アルピコ交通の松本電鉄バスが鹿教湯に乗り入れるが、平成大合併で上田・松本両市が接することから、2007.4.16 を以って名称から「駅」を取って「鹿教湯温泉」を共有している（『広報うえだ』2007.4）。隣の「鹿教湯温泉入り口」バス停も合わせた筈なのに、相方の千曲バスは「温泉入口」とバラけ出している。これに比べれば、車内案内のシステム更新をサボって残っている風な「駅」が嬉しい誤算だが、「鹿教湯温泉」はギリギリ共有ができている方かも知れない。

本家本元がこの為体なので、観光案内などには「鹿教湯温泉駅」や「鹿教湯駅」が残っているものが見つかる。

*：千曲バス公式サイトには、「11 系統の鹿教湯線（平井寺経由）について」として「鹿教湯線（平井寺経由）の運行は令和 1 年 12 月 28 日運行廃止いたしました」とあり、じわじわと減る方向なのは何処も同じ。

前出『健勝地高日本　信濃及濃飛両越参遠等高日本地方観光案内』は鹿教湯温泉について

「信越線大屋駅で丸子鉄道に乗り換へ、終点丸子町駅に下車、乗合自動車によって来るを順とするが（丸子駅より乗合五十銭、貸切三円、同大屋駅より四円二十銭）又中央線下諏訪駅より省営バスで、和田嶺を突破して

丸子町に来て、それから温泉へ来るも宜い」

と既述の省営自動車の和田峠線（岡谷〜丸子町を 1933.10.14 付で改称）に
も触れるが、"丸子町駅"からの「乗合自動車」は、丸子町駅構内〜鹿教
湯を 1926.9.18 開業の内村自動車と思われる（鉄道省『全国乗合自動車総
覧』鉄道公論社 1934）。『高日本風光　信濃及濃飛両越等高日本地方観光
案内』（高日本社 1937）は丸子町への乗合自動車として、佐久地方の小池
自動車の丸子線（岩村田〜丸子）と共に、内村自動車の丸子〜鹿教湯を挙
げている。

　千曲自動車としては上田〜鹿教湯温泉が 1943.9.30 に営業開始（『停車場
一覧』）。

バス駅名	鹿教湯温泉				
運行	千曲バス				
路線	上田松本線		鹿教湯線		
行先	松本バスターミナル	上田駅	下秋和車庫	鹿教湯車庫	
運行時間	8:55　13:55	11:30　18:10	6:51 〜 20:06	6:51 〜 19:01	7:57 〜 20:00
運行本数	2	2	8	8	7
備考	土日	土日	平日	土日	全日

バス駅名	鹿教湯温泉	
運行	アルピコ交通	
路線	鹿教湯温泉線	
行先	鹿教湯温泉上	松本バスターミナル
運行時間	10:19　15:04	11:04　15:22
運行本数	2	2
備考	平日	平日

長電バス　綿内駅・川田駅・大室駅・松代駅

　2012.4.1 廃止の長野電鉄屋代線にまつわる代替路線なので、大都市長野を控えることもあってラインナップとしては結構充実している（それなら廃止するなよ、だが）。

「綿内駅」

綿内駅舎

「川田駅」

「大室駅」

　「綿内駅」からは長電バスの屋代須坂線と長野駅行き系統（綿内屋島線）が出ており、バスも駅舎が残るロータリーに入ってくる。長野市乗合タクシーの綿内線も乗り入れる。

　「川田駅」も同様に屋代須坂線にあり「バス待合所」の看板が追加されながらも、ホームも含めて往時のままの様に見え、大豆島保科温泉線に加えて、長野市乗合タクシーの綿内線が通るがバス停名は「信濃川田駅」と

正式名称を採用。

　「大室駅」には屋代須坂線の他に乗合タクシーの大室線が「松代駅」に通うが、駅跡らしき更地の他は路盤の盛り土くらいしか往時を偲ばせるものはなく、何時まで"駅名"を名乗り続けられるのか少々心もとない気がする。

　「松代駅」は構えもしっかりしており、レールさえ残っていれば現役と勘

「松代駅」

違いしそうで、バス路線もふんだんにある。長電バスプロパーでは屋代須坂線のみだが、アルピコ交通の松代線（長野行き）、金井山線（平日のみ運行の長野駅行き）と139系統だが扱いは市営の廃止路線代替バス*である赤柴線がアクセス。これに乗合タクシーの松代西条線が加わる。

　結局、正統派路線バス停に居候しているのは（路線名のコロンの後が"駅名"バス停）、

長野市乗合タクシー　大室線：大室駅・松代駅

　　　　　　　　　　綿内線：綿内駅・信濃川田駅

　　　　　　　　　　松代西条線：松代駅

松代観光巡りタクシー（6～8月は運休）　松代観光地線：松代駅

廃止路線代替バス　赤柴線：松代駅

*：実は上述の長電バスの屋代須坂線・綿内屋島線・大豆島保科温泉線の各線も、アルピコタクシーの赤柴線（2001.4.14運行開始なので、松代駅が現役のころからの存在）に加えて廃止路線代替バスであり、赤字分を市が補填する半市営路線である（「はじめに」参照）。

　廃止から日が浅いこともあって結構な面揃えだが、待合所などとされる旧駅舎も老朽化が進めば撤去解体の話も出て来るだろうことを考えると、「大室駅」だけでなくいずれ「駅」を冠するのが実状とそぐわなくなり、脱駅化が進むことも想像できる*。

*：『信濃毎日新聞』によると（2020.9.19）、綿内駅は解体されるそうで、この手の旧駅は維持メンテにも費用が掛かり、時の経過に伴い失われる方向なのは致し方ないから、本書の様な記録もあながち無駄ではないということになるだろう。解体後も"駅名"のバス停を維持するのか、新しい施設名などに入換えるのか等、今後の動向が気になるが、整備が進む「千曲川新道」（『千曲川新道活性化プラン』〈2012〉によれば、長野市内に当たる旧綿内駅〜岩野駅が該当エリアとなっている）の「道の駅」的な存在ででも残って貰えれば御の字かも知れない。

バス駅名	綿内駅						
運行	長電バス						
路線	綿内屋島線				屋代須坂線		
行先	長野駅東口	長野駅	長野駅東口	長野駅	屋代駅	松代駅	須坂駅
運行時間	6:50 ～ 19:30	7:20 ～ 12:42	17:00 18:05 18:45	7:32 ～ 15:42	6:45 ～ 20:05	6:05 ～ 21:05	6:44 ～ 21:16
運行本数	6	6	3	6	9	5	14
備考	平日	平日	土日	土日	全日	全日	全日

バス駅名	綿内駅	
運行	長野市乗合タクシー	
路線	綿内線	
行先	赤野田	山新田公民館
運行時間	9:15 ～ 14:54	8:34 10:12 14:12
運行本数	4	3
備考	月水金	月水金

バス駅名	川田駅					信濃川田駅	
運行	長電バス					長野市乗合タクシー	
路線	屋代須坂線			大豆島保科温泉線		綿内線	
行先	屋代駅	松代駅	須坂駅	保科温泉		赤野田	山新田公民館
運行時間	6:56 ～ 20:16	6:16 ～ 21:16	6:34 ～ 21:06	10:20 ～ 21:19	10:20 ～ 18:14	9:27 ～ 15:06	8:22 10:00 14:00
運行本数	9	5	14	7	5	4	3
備考	全日	全日	全日	平日	土日	月水金	月水金

バス駅名	大室駅			
運行	長電バス			長野市乗合タクシー
路線	屋代須坂線			大室線
行先	屋代駅	松代駅	須坂駅	松代駅
運行時間	7:00 ～ 20:20	6:20 ～ 21:20	6:27 ～ 20:58	9:10 10:40 14:41
運行本数	9	5	14	3
備考	全日	全日	全日	月水金

バス駅名	松代駅					
運行	長電バス					
路線	屋代須坂線					
行先	屋代駅		屋代高校	須坂駅		松代高校
運行時間	6:50～20:40	6:50～20:40	8:11	6:10～20:45	6:10～20:45	7:46
運行本数	15	12	1	15	14	1
備考	平日	土日	平日	平日	土日	平日

バス駅名	松代駅					
運行	アルピコ交通					
路線	松代線					
行先	松代高校		県庁前		長野駅	
運行時間	7:35～22:18	7:43～20:53	6:25～20:40	6:45～18:00	15:30～20:05	11:00～19:30
運行本数	36	27	27	15	9	11
備考	平日	土日	平日	土日	平日	土日

バス駅名	松代駅		
運行	アルピコ交通		
路線	松代線	金井山線	
行先	文化学園前／善光寺大門	松代高校	長野駅（東口）
運行時間	7:25/7:35	8:56～20:25	6:59～18:44
運行本数	1/1	8	7
備考	平日	平日	

バス駅名	松代駅					
運行	廃止路線代替バス		長野市乗合タクシー			
路線	赤柴線		松代西城線	大室線	松代観光地線	
行先	赤柴上	松代八十二銀行前	松代駅	大室駅	象山神社	松代荘
運行時間	8:36～17:41*	7:31～17:26	8:22～15:30	11:17　14:11　16:01	9:00～15:40	9:25～16:05
運行本数	4	4	5	3	8	8
備考	平日	平日	月水金	月水金	4・5・9・10月の土日祝	

*：夏季（4～10月）は 17:41 → 19:01

長電バス　志賀高原山の駅

「志賀高原山の駅」外観

「志賀高原山の駅」の出札窓口

　「道の駅」・「まちの駅」類似施設としての「山の駅」はジャンルとして認知されていそうで、鉄道を期待するケースは稀と思われ、本来なら候補脱落であろう。

　だがこちらは2011年に休止の志賀高原ロープウェイの山麓駅「蓮池駅」の再利用で、ゴンドラなどが残存する「駅」だ。今は亡きロープウェイを知らずに期待して来る人がいたら、「バス駅」定義を満たす可能性があるので載せた（最終的には筆者の胸三寸次第）。

　ちなみに、以前の名前は「志賀高原ゲートウェイステーション」で、高輪の騒動の煽りを受ける形で2019.1に現名称になった経緯がある*（毎日新聞2019.1.11）。

*：函南町にある2017.5.1完成の道の駅「伊豆ゲートウェイ函南」はその公式サイトで、「伊豆の旅行の出発点として、そして伊豆の情報や人が目指す場所として『門（ゲートウェイ）』という名前を付けました」と高らかに謳っている。広報に拠れば仮称「函南」からの命名時期は2016.5で、流行った時期があったのか。併設する川の駅「伊豆ゲートウェイ函南」は2019.4の開業なので、無事に"高輪ショック"を乗り越えたことになる。

　長野電鉄の湯田中駅からの奥志賀高原・白根火山線バスが出ていて、急行の長野駅東口行きの便もある（inbound 向けの予約制急行の白馬〜志賀高原線もアルピコ交通との共同運行で 2018.1.22 から運行されており、2019 年度は一日一往復あり 14:10 発で白馬八方バスターミナル行き）。

　例年夏季には「天空コース」と呼ばれる東館山ゴンドラリフトとサマーリフトを巡る専用シャトルバスも出る。高原スキーリゾートという土地柄から、夏冬で大きくダイヤが異なるので、夏季高原メインの“緩行線”と冬季スキーメインの急行線を紹介する。

夏季ダイヤ

バス駅名	志賀高原山の駅			
運行	長電バス			
路線	奥志賀高原線			
行先	湯田中駅	奥志賀高原ホテル	ほたる温泉	白根火山
運行時間	6:41 〜 18:11	6:29 〜 19:00	6:40 〜 19:00	8:41 〜 14:31
運行本数	10	10	5	5
備考	全日	全日	全日	全日

※ほたる温泉〜白根火山は冬季閉鎖。別途、渋峠〜白根火山は通行規制あり。

冬季ダイヤ

バス駅名	志賀高原山の駅	
運行	長電バス	
路線	急行 長野志賀高原線	
行先	長野駅東口	奥志賀高原ホテル*
運行時間	10:20 〜 17:35	10:26 〜 22:10
運行本数	7	8
備考	全日	全日（予約制 22:10 便は金のみ）

*:14:31 便はほたる温泉行き

濃飛バス　旧奥飛騨温泉口駅・旧飛騨神岡駅

「旧奥飛騨温泉口駅」

「旧飛騨神岡駅」

旧飛騨神岡駅

　2006 年に廃止された神岡鉄道の終点奥飛騨温泉口駅前にある濃飛バスのポールには "口" が抜けた「旧奥飛騨温泉駅」とされているが、飛騨市コミュニティバス「ひだまる」の吉田線*と平日のみ運行の神岡東部線のポールは「旧奥飛騨温泉口」なものの、路線図では正しく「旧奥飛騨温泉口駅」とされている。

　市営乗合タクシーは "口" ありで "駅" なし。ここ温泉口はレールマウンテンバイク「ガッタンゴー‼」の現役駅でもある訳で、周囲の雑音を気にせずに逞しく「駅」であり続けている。

　奥飛騨温泉郷〜富山線の高速バスもあり、富山市へのアクセスはいい方だろう**。

*：2020.10.1 に濃飛バス吉田線から飛騨市コミュニティバス「ひだまる」吉田線に移行。

**：2021.4.1 の改正で特急奥飛騨富山線が廃止され、猪谷止まりの上宝神岡線のみとなった。

　「旧飛騨神岡駅」には濃飛バスの古川神岡線がやって来るが、時刻表では旧抜けの「飛騨神岡駅」表記。「ひだまる」の柏原線も旧抜けの「飛騨神岡駅」だが、濃飛バスのポールはちゃんと「旧飛騨神岡駅」としてある。

バス駅名	旧奥飛騨温泉口駅				
運行	濃飛バス				
路線	上宝・神岡・奥飛騨・富山・神岡猪谷線			古川神岡線	
行先	平湯温泉	濃飛バス神岡営業所	富山駅前	高山濃飛バスセンター	山ゆり学園口
運行時間	8:44～18:09	8:00　15:50	11:34　14:12	6:10	7:00
運行本数	6	2	2	1	1
備考	平日（土日は11:42便欠）	全日	全日	全日	全日

バス駅名	旧奥飛騨温泉口駅			
運行	ひだまる			
路線	吉田線			
行先	流葉スキー場	吉田精米所前	濃飛バス神岡営業所	割石温泉
運行時間	6:56*　8:46	12:51　15:26　17:11*	8:06～17:41　13:21　15:56	9:41
運行本数	2	3	4　　2	1
備考	平日	平日	平日　　土日	全日

*: 土日は欠

バス駅名	旧奥飛騨温泉口駅	
運行	ひだまる	
路線	神岡東部線	かみおか循環乗合タクシー
行先	濃飛バス神岡営業所	神岡振興事務所
運行時間	8:54～16:45	8:37～15:53
運行本数	5	7
備考	平日	平日

バス駅名	飛騨神岡駅					
運行	濃飛バス		ひだまる			
路線	古川神岡線		柏原線			
行先	濃飛バス神岡営業所	高山濃飛バスセンター	古川駅前	柏原パーキング	濃飛バス神岡営業所	割石温泉
運行時間	7:45～21:20	6:28～18:28	8:16　12:01	16:01	14:10　17:10	9:59
運行本数	10	9	2	1	2	1
備考	平日（土日は15:20便欠）	全日（6:28便は山ゆり学園口行き）	平日	平日	平日	平日

濃飛バス　牧戸駅

「牧戸駅」

高山市公共交通の地域バス「のらマイカー」荘川地域版も通う「牧戸駅」は、戦前の省営バス白城線に淵源があり、1933.8.1営業開始で"産業記憶遺産"を目指した「駅舎」は消防団車庫新設のため改築されている（2020.3完成）。濃飛バスは高山濃飛バスセンターへの荘川線がある。

城下町高山と白川郷を結ぶ白川街道と、ここ牧戸で郡上市に向かう郡上街道が分れて通う山間の寂れたこの地は「江戸時代には、福井県方面から糸や紬が輸入され、織物、糸の経済の道として知られた」（「高山市歴史的風致維持向上計画」）やはり交通の要衝なのだった。

そんなかつての要所も路線バス廃止の大きな波に飲み込まれ、白鳥交通が一日一往復だけ運行していた白鳥荘川線を2018.4.1で廃止している。乗り継ぎができた濃飛バス高山行きの2017.4のダイヤ改正による土日休止が命取りとなって、末端部に当たる鷲見病院前〜牧戸駅を廃止して白鳥ひるがの線（鷲見病院前〜ひるがのスキー場）の増便という形での幕引きを迎えた。

バス駅名	牧戸駅							
運行	濃飛バス				のらマイカー			
路線	荘川線				荘川線			
行先	上野々俣公民館前		高山濃飛バスセンター		御手洗		上小鳥栄商店前	
運行時間	14:35 18:21 19:51	18:21	6:24 15:39 18:49	6:24	11:50 15:07 18:48	11:50	7:35 12:14 15:18	7:35 12:14
運行本数	3	1	3	1	3	1	3	2
備考	平日	土日	平日	土日	平日	土日	平日	土日

揖斐川町ふれあいバス・はなももバス　旧長瀬駅

「旧長瀬駅」

　名鉄谷汲線の長瀬駅にまつわるのが、この旧長瀬駅で、『広報いびがわ』2006.10号に「平成18年10月1日より、揖斐川町内の春日線、揖斐川北部線、谷汲口線、横蔵線、揖斐町線および近鉄揖斐駅〜大野バスセンター間の揖斐黒野線を、揖斐川町コミュニティバスとして運行し、運賃も変更します。」とあり、名阪近鉄バスの廃止代替バス*の押しつけが遠因（この時点では「長瀬診療所」はあるが、旧駅はなし）。

*：名鉄谷汲線が2001.10.1に廃止となり、代替バスを走らせた名阪近鉄バスだが、早くも2005.10.1に撤退してしまい、揖斐川町自主運行バスの横蔵線・谷汲口線の増強で対応した前史がある。

　揖斐川町公式サイトのお知らせ（2019.9.10）は、
「揖斐川町ふれあいバス・はなももバスの運行が始まります
　・揖斐川町ふれあいバス…朝・夕の通学・通勤時間帯に合わせ路線バスを運行します。
　・揖斐川町はなももバス…予約制の乗合バスで、お住まいの地区の集会場などから町内の主要な場所（病院、商店、公共施設等）まで運行します。※バス停が設置されている場所に限ります。」
と、この段階で黄黒ゼブラ模様の防護柵に踏切道の名残も見られる旧駅の“復活”となる。
　オンデマンドのはなももバスは便数無限（？）だが、ふれあいバスは朝1便（赤石線）や曜日指定の1往復（谷汲線）と最低限の運行。

名阪近鉄バスが去った後でも岐阜バスの「長瀬局前」が最寄りにあるが、「谷汲山～織部の里もとす間は毎月18日運転」と、18日のみなのは、年金支給日とでも関係あるのかと思いきや、谷汲山華厳寺が「西国三十三所観音霊場」の第三十三番札所の結願・満願寺で、毎月18日が本尊の命日に当たるからなのだった。こうした「観光路線」とも無縁の存在なのが、ひっそりと佇むこの「旧長瀬駅」。

バス駅名	旧長瀬駅		
運行	揖斐川町ふれあいバス		
路線	赤石線	谷汲線	
行先	谷汲小前	谷汲中央診療所前	高科
運行時間	7:33	9:30	11:39
運行本数	1	1	1
備考	登校日	月曜日	月曜日

北陸鉄道バス（旧七尾線）　輪島駅前・三井駅前

「輪島駅」

同旧駅

「三井駅前」（特急バス）

「三井駅前」

　国鉄からのと鉄道を経て廃止になった七尾線絡みで二駅を確認できる。

　旧輪島駅にはレールなども残り、駅舎は「道の駅　輪島『ふらっと訪夢』」として整備されるが、独立したバス停ポールはなく、柱の裏側などに乗場の表示がされるのが「輪島駅前」。ロータリー部分のタクシー乗り場から出る輪島市コミュニティバス「のらんけバス」にも「輪島駅前」はあるが、やはり柱への表記で手抜きしている（のか美観重視なのか）。

　「のとみい」の看板が掛かる駅舎も残る旧三井駅前に「三井駅前」バス停があるが、一本離れた道路上には金沢駅〜輪島を結ぶ特急バス専用の「三井駅前」バス停がある。

輪島市「愛のりバス」の内屋・坂田コースと与呂見コースには「前」抜きの「三井駅」があり、平日に数便が運行されている（与呂見コースは土曜も運行）。

　輪島は便数が多いので本数のみとし、「のらんけバス」海・鯨・档・漆・城兼の各コースは略。

バス駅名	輪島駅前				
運行	北鉄奥能登バス				
行先	金沢駅西口	のと里山空港経由　穴水駅	輪島マリンタウン	市の坂経由　穴水駅前	
運行本数	8	4	8	9	8
備考	全日	全日	全日	平日	土日

バス駅名	輪島駅前					
運行	北鉄奥能登バス					
行先	門前		曽々木口経由　能登町役場前		市立輪島病院	
運行本数	6	5	7	6	6	5
備考	平日	土日	月～土	日祝	月～土	日祝

バス駅名	三井駅前					
運行	北鉄奥能登バス					
路線	穴水輪島線				輪島特急	
行先	輪島駅前		穴水駅前		輪島マリンタウン	金沢駅西口
運行時間	6:49～19:54	7:38～19:04	6:20～19:45	7:25～19:45	9:38～22:23	6:08～18:33
運行本数	14	12	13	12	10	10
備考	平日	日祝（土は19:54便あり）	平日	土日	全日	

バス駅名	三井駅			
運行	輪島市　愛のりバス			
路線	内屋・坂田コース		与呂見コース	
行先	三井駅		上与呂見	
運行時間	12:55　15:07　16:07	12:55　16:07	13:40～19:50	11:07　13:40　17:45
運行本数	3	2	5	3
備考	月火水金	木	月～金	土

北陸鉄道バス（旧能登線）
比良駅前・鵜川駅前・波並駅前・藤波駅口・鵜飼駅前

「比良駅前」

「鵜川駅前」B乗場。右折先がD、
左折してC乗場

「鵜川駅前」旧ロータ
リーのC乗場

　同様に旧能登線の沿線にものと鉄道転換バス絡みで、いくつかのバス駅が現存する。

　街道沿いに置かれた「比良駅前」バス停からは少し離れた位置の廃線上に旧駅の遺構がある。

　「鵜川駅前」は海から少し奥の交差点に直行する両道路沿いに置かれ、更に行き止まり先の駅舎とホームが残る旧駅前ロータリー部にも別のバス停ポールが配置されている（C乗場で、平日一本の穴水総合病院行のみが出る）。

　「波並駅前」も同様に海沿い道のバス停だが、すぐ脇に旧ホームがしっかり残っていて雰囲気がある。

　「藤波駅口」も海沿いのバス通りにある何の変哲もないバス停で、ホーム跡が坂を登った裏手山側にある。

「波並駅前」（左側の築堤が旧路盤）

「藤波駅口」（右手の裏山に駅跡）

　比良・鵜川・波並・藤波各駅と後述の鵜飼駅のダイヤは、同じ穴水珠洲

線なので基本は同様につき、「比良駅」のパターンを代表で示して、他についてはメインルートからの出入り部分を主眼に記す。

バス駅名	比良駅前				
運行	北鉄奥能登バス				
路線	穴水珠洲線				
行先	すずなり館前	能登町役場前	鹿波	竹太	松波城址公園口
運行時間	6:46 11:55	16:57 18:59	7:06 12:48	14:49 16:47	10:41
運行本数	2	2	2	2	1
備考	全日	全日	平日（土は7:06のみ）	平日	全日

バス駅名	比良駅前		
運行	北鉄奥能登バス		
路線	穴水珠洲線		
行先	穴水総合病院		穴水駅前
運行時間	7:31～14:42	7:34～14:42	8:18 17:45
運行本数	6	4	2
備考	月～土	日祝	月～土（日は17:45のみ）

「鵜川駅前」バス停は四か所に置かれていて、方面ごとに分けるのに便利なのでバス停単位でまとめてみたのが次表。

バス駅名	鵜川駅前							
運行	北鉄奥能登バス							
バス停	鵜川駅前A					鵜川駅前B		
行先	鵜川駅前	能登町役場前	松波城址公園口		飯田高校下	穴水総合病院		穴水駅前
運行時間	14:34	17:20 19:22	8:43 11:04	11:04	6:42	7:11～17:22	7:11～17:22	6:35
運行本数	1	2	2	1	1	5	3	1
備考	平日	全日	月～土	日祝	月～土	月～土	日祝	平日

バス駅名	鵜川駅前					
運行	北鉄奥能登バス					
バス停	鵜川駅前C	鵜川駅前D				
行先	穴水総合病院	能登町役場前	すずなり館前	飯田高校下	穴水総合病院	
運行時間	6:35	7:45～17:56	7:10 12:09	18:36	7:10～18:22	7:10～15:02
運行本数	1	5	2	1	8	6
備考	平日	月～土（日祝は16:36便欠）	全日	全日	月～土	日祝

駅舎とホームが残る「鵜飼駅前」にはバスがロータリーまでやって来て、珠洲市営バス小屋線（一日一往復）の同名バス停も脇に置かれている。小屋線は予約制タクシーの「のりタク」にもあり、こちらの方が"本数"は多く、鵜飼から他にも三方面への3往復のダイヤが設定されている*。

*: 二重にケアされている小屋地区アクセスは、1952.3.8 付官報によると、能登鵜飼～能登小屋の国鉄バスとして 3.10 から運行開始されている。珠洲市公式サイトには、1987.1「国鉄バス小屋線廃止に伴う市営バス運行開始」、1987.3「市営バス小屋線『うぐいす号』運行」とあり、由緒ある市営路線であることが判る。こうした経緯もあり、珠洲市総合

「鵜飼駅前」

病院～大町を走る北鉄奥能登バスの小屋線が 2014.4.1 で廃止されても鵜飼本町～大町の市営バスとして運行されて来ている。

「鵜飼駅前」から出る穴水珠洲線以外の便は下記の如く。
※珠洲宇出津特急は元宇出津駅の「能登町役場前」は経由するが、鵜飼は「珠洲鵜飼」に掠っているだけで、穴水も駅前には寄らず「穴水此の木」経由となる。

バス駅名	鵜飼駅前			
運行	珠洲市			
路線	小屋線		のりタク　小屋線	
行先	鵜飼本町	大町	鵜飼本町	大町
運行時間	7:30	13:22	11:14 ～ 19:09	10:00 ～ 18:10
運行本数	1	1	4	4
備考	月～土	月～土	全日	全日

　「能登町役場前」には副名称「旧宇出津駅前」が残り、鉄道緑地広場として宇出津駅の線路跡が整備されている。内浦・柳田・能都庁舎が統合された新庁舎が、2020.1.6 に開庁したのに伴う改称で、認知度が低いためと以前は「宇出津駅前」バス停だった（車内放送で

「能登町役場前」

宇出津駅跡

「能登七見」

はこの副名称も案内されていた）ことによる（『広報のと』）。「輪島駅前」と似て、「能登町役場前」は施設の乗場が立派なので独立したポール類がなく、バスターミナルなのに柱壁への貼り紙で処理している。「駅」があるのに更にポール如きはいらんだろう、の乗りか。

「能登七見」は待合所のみに「七見駅」と駅が表示されているが、フツーのバス停で「写り込み」系のバス停。

1959 年開通の国鉄能登線以前に、穴水〜能登飯田は自動車の奥能登線として 1935.10.1 に開業しており、能登比良・能登鵜川・波並・能登七見・能登宇出津・能登鵜飼などのバス駅が出現しているので、ここに紹介したメンバーは先祖帰り組の一員でもある（官報 1935.9.25 付）。

旧松波駅も駅舎やホームが残り（「駅」の文字は確認できない）、バスもロータリーまで乗り入れるがバス停名称が「松波城址公園口」なので脱落。恋路駅も海を見晴らす高台にしっかり残り、トロッコ体験もできるがバス停としては「恋路浜」なので候補入りを逃す（「写り込み」も成立しない）。旧珠洲駅の道の駅すずなりなども"卒駅"で圏外。

えちぜん鉄道　あおぞらくん

「越前新保駅」

「リライム」

「100満ボルト」

　えちぜん鉄道の越前新保駅と新保・大和田地区とを結ぶ巡回バスだが、「ステーション」と書かれたポールが立つ地点は全て「停車場」とされている。

　その起源からしても駅は鉄道の専有物ではないのだから、この様に「余所者」が駅（停車場）を名乗るケースについても広い心で受け止めて取り上げている*。

＊：随分とバスに甘いなと言われそうなので少し弁解めいたことを記しておくと、本家の鉄道でも、非電化なのに玉野市営電気鉄道と名乗ったり（他に、磐梯急行電鉄や善光寺白馬電鉄などの事例あり）、何に対する比較なのか説明しないで「急行」を含む鉄道会社名なども許されており、ある程度の背伸びは"誇大広告"として許されていそう（旧国鉄ローカル線などが最終到達地点を織り込んだ線名のまま途絶の例もある）。

　吉野大峯ケーブル自動車が運営する吉野ケーブルのケースでは、実態はロープウェイで自社サイトでも日本最古のロープウェイと悪びれずに紹介する始末。「ロープ」を「ケーブル」と呼ぶのは勝手だし、無事に運んでいれば目くじらを立てる程の事でもないだろうという開き直りなのか。蔵王観光開発が運営する蔵王スカイケーブルも4人乗りゴンドラのロープウェイだが、中央ですれ違わないタイプのほぼリフトで、「スカイ」のお蔭で浮いているイメージがあって語感への違和感が薄れる気がする（個人の感想）。

畑電公式サイトによると、一畑軽便（後の一畑電鉄）は 1925.7 に社名を一畑電気鉄道株式会社と改称しているが、「出雲今市（現・電鉄出雲市）～一畑間を電化して運輸営業を開始」は 1927.10 なので、厳密にはこの間は誇大広告。栗原電鉄が合理化のための非電化に際し、くりはら田園鉄道に改名するなど真面目にやっている派も当然いるが、アピールしてなんぼの傾向も見られ、背伸びしがちな世の波にバスも相乗りさせて貰ったということになるだろうか。

　越前新保駅・リライム・アピタ・福井新聞社・エルパ・100 満ボルト・ワイプラザの「各駅」があり、平日が順逆回り合わせて 7 便、土日祝は 15 便、と「駅名」からも推察される様に駅近繁華街巡りのツールで、2005 年 10 月までの試験運行を経て始動したもの（"コロナ禍"で 2020.5.1 から運休中だったが、2021.4.1 の再開時から土日のみ運行で、途中駅がワイプラザ・アピタ・福井新聞社のみとなった）。

バス駅名	越前新保駅			
運行	えちぜん鉄道			
路線	あおぞらくん			
行先	アピタ・エルパ先回り		ワイプラザ先回り	
運行時間	11:40　13:40　15:40	9:40～16:40	10:40～16:40	10:10～17:10
運行本数	3	7	4	8
備考	平日	土日	平日	土日

富士市デマンドタクシー

　富士市公共交通の市自主運行路線に予約制乗合タクシー「デマンドタクシー」があり、下記の様に八つの系統にそれぞれ愛称が付き、乗降する場所が「停車場」とされている（富士市在住の鈴木正和氏に拠ると読みは『ていしゃば』とのこと）。

マリン「吉原駅南口」

　やまぼうし・おかタク・てんまーる・なのはな・こぶし・マリンの６系統に加え、ほたる・かぐやも「停車場」と案内されるが、後者の群は案内書の地図の凡例では「停留所」になっている。

　2019.12.2 から、実証実験として「おぐるま」も運行系統に仲間入りしていて「停車場」を使用。

　現地には案内書と同じ体裁の小振り縦型プレートが置かれていて、「停車場所」の乗りなのは判る。

かぐや「吉永」

　同市自主運行路線のコミュニティバスである、しおかぜ・みなバス・なのはな・こうめ・うるおい・モーニングシャトル・ふじかぐやの湯線は、頭の三路線が「バス停」で、ふじかぐやの湯のみ「停留所」を採用し、残りは案内には未記載。

　市街地循環バスのひまわりバスとぐるっとふじは、前者が「バス停」を採用し、後者は記載なし。

　2020.10.7 からの実証実験で予約制の伝法地区おでかけバスも運行開始しているが、やはり「停留所」を使う。

※富士市の地域公共交通政策に於いて、郊外の生活交通とされる地域路線はコミュニティバスとデマンドタクシーの二本立で市自主運行路線として一括りにされるというフラットな造りなので、ダイヤとポールのある"ほぼバス"のデマンドタクシーの本ケースも本編で取り上げることとした。

ゆとりーとライン　大曽根・ナゴヤドーム前矢田・砂田橋・守山・金屋・川宮・川村・白沢渓谷・小幡緑地など

「小幡緑地」

「龍泉寺口」

　名古屋ガイドウェイバスが2001.3.23から運行する厳密にはガイドウェイバスだが、乗りはBRT。但し、造りはAGT（Automated Guideway Transit）と見まがうばかりで、走っているのがバス車両でなければ鉄道と勘違いしそう。

　公式沿線マップでは専用道の大曽根〜小幡緑地のみが「駅」で、他のバス停は「停留所」とされている（高架部は名古屋ガイドウェイバスが、平面部は名古屋市交通局が運行するので分けている模様）。

　一方で時刻表には「各駅」とあり、高架区間と平面区間とは分けてあるものの「ゆとりーとライン各駅の時刻表（PDFファイル）がご覧いただけます。」と一括りに"駅"扱いしている。

バス駅名	小幡緑地		大曽根	
運行	名古屋ガイドウェイバス			
路線	ゆとりーとライン			
行先	大曽根		小幡緑地	
運行時間	5:45〜22:57	5:45〜22:57	6:10〜23:20	6:10〜23:20
運行本数	159	108	159	108
備考	平日	土日	平日	土日

Ⅴ 近 畿・四 国

周山・桧山

京都の駅

近江土山

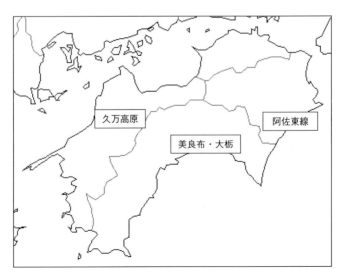

久万高原

美良布・大栃

阿佐東線

国鉄バスの流れを汲む JR バスは建物だけに駅が残るパターンが多いのは説明したが、御多分に洩れず両者ともにその例に漏れない。意外な奥地にしては本数が結構あるのは評価できる。

明智光秀が中国に倣ってつけた"周山"という変な地名に由来の「周山駅」からは、本家西日本 JR バスが京都駅へ向かう他に、京北ふるさとバス*の山国・黒田線、田貫線、弓削線、矢代線、細野線、宇津線が出てハブとして機能し、南丹市営バスの京北線も出ているが、「駅」は無い。地元発行の観光案内

「周山駅」

などには「周山駅（Shuzan bus stop）」などの表記が確認できる。起源は 1937.3.25 開業の京都〜鶴ケ丘の国鉄バス京鶴線（同日付官報）。

*: 2005.4 に京北町が京都市と合併したのに伴い、同町の旧町営バス運行事業は「公益財団法人　きょうと京北ふるさと公社」が引き継いでいる。

バス駅名	周山駅	周山	
運行	西日本 JR バス	南丹市営バス	
路線	高尾京北線	京北線	
行先	京都駅前	宮脇	和泉
運行時間	6:10 〜 19:30	15:37　18:29	9:08　18:08
運行本数	14	2	2
備考	全日	月〜土	日祝

※京北ふるさとバスの各線と社会実験中の夜間便（山国・黒田線、周山・山国線）は略。

　西日本 JR バスの園部駅〜福
知山駅をつなぐ園福線（途中の
「丹波水戸」*などというバス停
が如何にも国鉄バスらしいネー
ミング）にあるのが「桧山駅」
で、ここからは京丹波町営バス
の小野鎌谷線、猪鼻戸津川線、
質美線、桧山和知線、丹波桧山
線も出るが、やはり路線図・時
刻表ともに「駅」は表には出て

「桧山駅」

来ない。構えが立派な割には、周山よりも更に建物の駅サインへの依存度
が高いバス駅である。

*：桧山駅と共に鉄道省営自動車の園福線として 1939.2.1 から営業開始（官報
　　1939.1.27 付）。

バス駅名	桧山駅	
運行	西日本 JR バス	
路線	園福線	
行先	園部駅	福知山駅
運行時間	6:16 〜 19:30	6:25 〜 17:30
運行本数	13	7
備考	全日	全日

バス駅名	桧山							
運行	京丹波町営バス							
路線	丹波桧山線	質美線		桧山和知線	小野鎌谷線		猪鼻戸津川線	
行先	京丹波町役場	下山駅		和知駅	鎌谷奥・桧山		戸津川・桧山	
運行時間	8:20 〜 16:24	6:50 〜 17:35	6:50 〜 16:55	9:25 14:45	12:00 〜 17:35	12:00 〜 16:55	12:00 〜 17:35	12:00 〜 16:55
運行本数	5	7	5	2	6	4	4	3
備考	月〜土（土は 8:20 便欠）	平日	土	月〜土	平日	土	平日	土

甲賀市あいくるバス　近江土山駅

「近江土山」

貴生川駅前から出ている甲賀市コミュニティバスの土山本線が土山地区に通っていて、その中心となるのが「近江土山」バス停。ここをハブとして周囲各地への路線も運行され、新名神高速を走って南草津駅に至る南草津土山線も出ている。

土山サービスエリア入口などへのオンデマンド「あいこうかデマンドバス」もこのバス停を発着地とする（2008.11.1開始）。予約制の土山エリア「コミタク」も通う（最大11便）。

現地には「あいくるバス」の営業所も入る、2018年に改築された小綺麗な待合室というか“駅舎”があり、両妻面に「近江土山駅」と表示されている。車内案内や路線図には「駅」は使われていないが、掲示物などには「近江土山駅」の表記を確認できる。

最近改築の割に「駅」を残した英断には感謝だが、そもそもこの地は東海道五十三次の一つの土山宿があった場所で、忍者以外に現在も旧本陣や東海道伝馬館といった宿場としての出自を紹介する施設も多く、近江土山駅＊もそうした宿駅押しの一環なのかも知れない（道の駅『あいの土山』も近くにある）。

＊：バス駅としては1932.3.25に省営自動車亀草線の近江土山駅としてスタート（前掲『鉄道停車場一覧』）。

予約制「つちやまデマンドバス」に2008.11.1スタートの近江土山・貴生川駅〜土山SA入口があるが、2021.4.1で土山コミタクに移行されるので、他のデマンド系と共にダイヤ省略。

バス駅名	近江土山駅							
運行	甲賀市							
路線	土山本線						南草津土山線	
行先	田村神社	田村神社	大河原	鮎河口	貴生川駅	貴生川駅	南草津駅	田村神社
運行時間	6:48〜21:39	9:17〜21:39	7:59〜18:48	19:45 20:33	6:13〜20:23	6:13〜20:23	6:48〜17:33	8:53〜19:33
運行本数	17	13	10	2	23	20	4	4
備考	平日	土日	全日	全日	平日	土日	平日	平日

京都市　バスの駅

2014.8.9 設置の「バスの駅」福王寺

　バス停名に「駅」が付くのではなく、バス停の物理的存在自体が「駅」だと主張するタイプの“駅”で、京都市交通局サイト年表には「2014.4.29『バスの駅』の供用開始」とある。

　京都市交通局が2013.9.19に「『バスの駅』設置事業の開始について」で「歩道が狭いことなどにより，上屋やベンチなどのバス停設備を設置することが困難なバス停や，狭い歩道に多くのお客様がお待ちいただいているバス停の環境改善を図るため，新たに『バスの駅』設置事業を開始します。」と旗揚げ宣言し、清水道南行・南太秦南行・太秦小学校前北行バス停の三か所からスタート。

　2020.6.5の京都市発表「No.21006　地域・事業者の協力によるバス待ち空間『バスの駅』や接近表示器等の整備促進によるバス待ち環境の更なる向上」によると、バスの駅設置箇所数は、「41箇所（28年度末）50箇所（29年度末）60箇所（30年度末）63箇所（令和元年度末）」とのこと。

　「の」を挟むことで、バス駅というよりも道の駅やまちの駅の類いだと推察して欲しいということなるのか（この『の』については小山市『おーバス』の項も参照）。

　類似例「バスの駅　大畑」については「大畑駅」の項を参照して頂きたい。

※甲府市には2019.7.16開始の「バス縁地」という似た制度がある。同市公式サイトには：

　　バス停周辺に立地する民間商業施設及び公共施設等の協力を得て、例えば、コンビニエンスストアに設置されている「イートインスペース」

や、ロビーなどの空間を待合スペースとしてご提供いただくとともに、トイレの利用や時刻表の掲示・配布等を行うものです。

　バスの運行便数が多い等、比較的路線が充実している沿線に立地し、かつバス停に近い次の施設を「バス縁地※」の協力施設としています。
※「バス」と「市民」との縁を結ぶ場所を意味しています。なお、バス縁地は、本市オリジナルの呼び方です。

とあり、実態は「子ども110番の家」に近そうで、京都の事例ほどの駅臭さは感じられない（駅でいうなら黄色いトーマスのステッカーの『こども110番の駅』の方が例として適切かもだが、認知度は今一つ）。

JR四国バス　久万高原駅

　松山市内からのJRバス（以前は『予土線』が松山〜久万の国鉄バスに与えられていた名称だった様に1934.3.24開業の由緒ある路線）の終着点で、「久万高原駅」（1994年に『久万』から改称）と書かれた味のある柱状標識が出迎え、立派な駅舎「やまなみ」がある。

「久万高原駅」

　「久万中学校前」バス停には副名称「高原の駅」が掲示されている。道の駅「天空の郷さんさん」も近くにあり、"駅"の主導権を握られそうな気配もある。

　久万高原町営バスの久万落出線*も出ているが、路線図上では「久万」としている（時刻表では駅無しの「久万高原」）。

　伊予鉄南予バスの路線もあるが、「久万高原駅」から少し離れた営業所を兼ねる「久万」バス停からのアクセスになる。

＊：JR四国バスの撤退により2017.4.1から町が引き継いだもので、「JR四国バスの停留所（場所・名前）をそのまま引き続き利用します」という建て前ではあった（『広報久万高原』2017.3）。
　　終点の落出は以前は「落出駅」ともされたことから、町有資産としての「落出駅」と「ごうかく駅」（町営バス古味線の「郷角」バス停に因む）が確認できる。

「久万高原町景観計画」は「旧土佐街道（久万街道）」について
　　明治25年に旧国道33号が開通するまで松山、上浮穴郡、高知を結ぶ重要な街道で、生活に欠くことのできない道であり、四国霊場第45番札所岩屋寺、第46番札所浄瑠璃寺を打ち終えた遍路たちが次の札所へと向かった道でもあり、今もなお、四国八十八箇所巡りの歩き遍路の道として生きています。
としており、この山間の街も国鉄バスが走るだけの要衝なのであった。

バス駅名	久万高原駅			
運行	JR四国バス		久万高原町営バス	
路線	久万高原線		久万落出線	
行先	松山		落出	
運行時間	6:30〜20:00	6:30〜18:40	8:00〜21:20	8:00〜20:40
運行本数	8	6	7	6
備考	平日	土日	平日	土日

JR 四国バス　美良布駅・大栃駅

「美良布」

「大栃駅」

　JR 四国バスは 2020.4.1 に美良布〜大栃を廃止し、土佐山田〜美良布の
みの運行となったが大栃線の看板は下ろしていない*。廃止された美良布
〜大栃は香美市営バス（美良布・大栃線）が受け継いでいる**。

*：1935.1.25 開業の省営バス大栃線（土佐山田〜大栃）に由来（官報 1935.1.23 付）。

**：バス停名称も同日で「美良布（アンパンマンミュージアム）」に名称が変
　　わっている。大栃まで走っていた頃は独立した「アンパンマンミュージアム
　　前」があったが、廃止区間に含まれるために新終点の“美良布”に無理矢理
　　合体させた形。そのお蔭で、「駅」と書かれた駅名板も現行のアンパンマン
　　ミュージアム型に交代させられた。

　JR バス大栃線の時刻表には全停留所を「駅」としているものもあるが、
「美良布」を始めとして車内の案内には「駅」は付かない。美良布“駅舎”
は健在だが、「駅」の表示はなく、待合室内の掲示物等には「駅」を使っ
ているものが見られる。

　上述の香美市営バスは「美良布」・「大栃駅」の両駅を有しているが、
「美良布」の方は、JR 四国バスの駅舎（待合室）を間借りしているため本
来なら駅無しだろうが、香美市のバス路線図では「美良布駅」としている。
「大栃駅」は“駅舎”にも「駅」が残っていて素直に JR 四国バスの財産

を引き継いだ形。

　また、美良布・大栃線の時刻表も JR 四国バスの流儀に倣ったのか、全停留所を「駅」と表現している。

　香美市営バスは他にも、「美良布」からは蕨野・白川・谷相線が、大栃からは栃本・神池・別府・影線が出ている。こちらのバス時刻表も引きずられて全停留所が「駅名」欄で表示されている。

　香美市デマンドバスの「かほくあじさい号」（2019.10.1 運行開始）の四か所の目的地乗降場所の一つが「JR バス美良布駅」になっており、同じく 2014.4.1 より運行している先輩「ものべゆず号」には「JR バス大栃駅」が含まれている（それぞれ旧香北町、物部村に由来）。

バス駅名	美良布		JR バス美良布駅	JR バス大栃駅
運行	JR 四国バス		香美市	香美市
路線	大栃線		かほくあじさい号	ものべゆず号
行先	土佐山田		（集落乗降場所）	（集落乗降場所）
運行時間	6:38 ～ 20:35	6:38 ～ 19:44	9:30 ～ 17:30	8:00 ～ 17:00
運行本数	13	12	4	5
備考	平日	土日	平日	平日

バス駅名	美良布							
運行	香美市							
路線	美良布・大栃線		白川線		谷相線		蕨野線	
行先	大栃		白川	保険福祉センター	谷相	保険福祉センター	保険福祉センター	美良布
運行時間	6:50 ～ 19:47	7:41 ～ 16:50	7:43 17:07	8:06 17:30	7:06 16:18 18:00	7:41 17:01 18:43	7:57 12:06/ 13:12	16:29 17:59
運行本数	8	5	2	2	3	3	2	2
備考	平日	土日	平日	平日	平日	平日	平日	平日

バス駅名	大栃							
運行	香美市							
路線	美良布・大栃線		影線		栃本線		神池線	別府線
行先	美良布		影	プラザ前	栃本	物部支所	プラザ前	別府
運行時間	7:13 ～ 20:10	8:21 ～ 17:20	6:28 ～ 17:32	7:50 ～ 18:54	7:02 12:37 17:12	7:53 13:28 18:03	8:25/9:16 11:15/12:06 14:51/13:12	6:45 ～ 17:42
運行本数	8	5	4	4	3	3	3	4
備考	平日	土日	平日	平日	平日	平日	平日	平日

阿佐東線　阿波海南〜甲浦

工事中の阿波海南駅での代行バス

工事中の甲浦駅での DMV と代行バス

JR 四国が牟岐線の阿波海南〜海部を 2020.10.31 で鉄道事業廃止し、阿佐海岸鉄道に譲渡している。

牟岐線は DMV 運行開始に向けた工事に伴い、2020.7.18 から牟岐駅〜海部駅間でバスによる代行輸送を行っており、12.1 からは本体の阿佐海岸鉄道も阿波海南〜甲浦で代行バス輸送になっている。

自社線バス代行部分（阿波海南〜甲浦）の現状を確認すると、阿波海南駅と甲浦駅には代行バス停ポールが設置されており、中間の海部と宍喰には駅舎前に停車する方式を取っていて、元々の駅前に停車するだけで「駅」の増加はないが、鉄道を期待して来た人が困惑するという定義からは「バス駅」ではある。

試験運行中も含めて DMV 化で「バス停」が"駅"になる可能性も秘めている。ちなみに、DMV の運行開始までは免許の関係で阿波海南駅〜海部駅間は無料だが、2021.5.28 に阿波海南信号場〜海部駅の旅客運賃の上限認可申請が出され、阿波海南は甲浦と共に信号場となる模様。

バス駅名	阿波海南	甲浦
運行	阿佐海岸鉄道	
路線	阿佐東線	
行先	甲浦	阿波海南
運行時間	6:40 〜 19:55	6:10 〜 19:20
運行本数	9	9
備考	全日	全日

2021.2.1 時点

Ⅵ 中 国

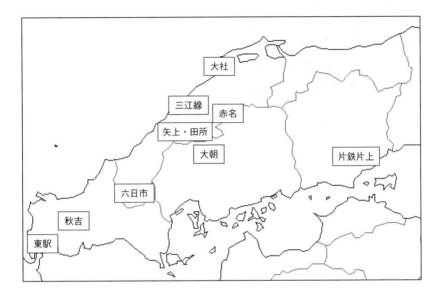

大社

三江線　赤名

矢上・田所

大朝

片鉄片上

六日市

秋吉

東駅

備前市営バス　片鉄片上駅

市営バス「片鉄片上」

宇野バス「片上」

　1991.6.30 廃止の片上鉄道の片上駅にまつわるバス駅で、備前市営バス各線のハブとして活躍。路線図や時刻表などは「片鉄片上」だが、バス停ポールには「片鉄片上駅」表記のダイヤが貼りだされている。"駅前"にはモニュメントがあって雰囲気もあり、和気町営バスも 2019.4.1 から備前市営バスの片上和気線として乗り入れ、宇野バスも岡山駅から計6便が乗り入れるがバス停は「片上」。宇野バスは JR 備前片上駅に行く路線がないのでこれでいいのだろうが、岡山駅のバス路線案内板も「片上」で現役の JR 駅（備前片上）を差し置いて地域名称を仕切る形になっていた。

　同和鉱業片上鉄道廃止後に備前片鉄バスが運行され、バス駅としての「片鉄片上駅」が産声を上げるも、鉄道本体の直系子孫に当たる片上〜柵原の路線は、和気〜周匝に縮まって*片上駅は宙に浮いた形となったが、上記の様に和気町が備前市営バスの運行に関わったことで片上〜和気の片上和気線として無事復活と相成った。この辺の復活劇を見ると、さすがは腐っても西国街道の宿場の意地を見せたかと感心する。鉄道現役時に遭遇した際には、その時代錯誤感漂う外観に思わずカメラを向けた路線なのではあったが（写真参照）。

*：赤磐市は「赤磐市広域路線バス（赤磐・和気線）は、備前片鉄バス（周匝〜
　備前片上間）が平成 27 年 9 月をもって廃止となったことから、当面の代替

措置として、赤磐市、和気町の1市1町で運行しています。区間は周匝～JR和気駅間です。」と、備前片鉄バスを運行していた日生運輸の旅客運送業務からの撤退について触れる。

バス駅名	片鉄片上				
運行	備前市営バス				
路線	日生線		東鶴山線		
行先	福浦峠		長船駅		運動公園前
運行時間	7:30～19:00	8:30～17:50	6:25～17:40	7:10 17:25	9:45 14:00
運行本数	10	7	7	2	2
備考	平日	土日	平日	土日	土日

バス駅名	片鉄片上								
運行	備前市営バス								和気町・備前市営バス
路線	三石線				吉永線		寒河蕃山伊里線		片上和気線
行先	備前病院前	佐那高下	佐那高下	伊里中	吉永病院前	佐那高下	佐那高下	シーサイドプールひなせ	和気駅
運行時間	7:12～16:00	9:10 14:10	8:50 16:30	11:40	7:20～17:45	11:40	12:10	12:10	7:20～16:28
運行本数	8	2	2	1	5	1	1	1	4
備考	平日	平日	土日	土日	平日	土日	月火	水～金	平日

バス駅名	片上	
運行	宇野バス	
路線	国道2・250号線	
行先	岡山駅*	
運行時間	6:52～18:55	8:25～19:40
運行本数	6	6
備考	平日	土日

*：最終便は八日市行き

和気駅（1987）

一畑バス　旧JR大社駅

「旧JR大社駅」

旧大社駅舎

　廃止（1990.4.1）しなくても何とかなったのではと思えてしまう旧大社線の終着駅が顕彰されている。

　国の重要文化財に指定（2004年）された駅舎人気＊に肖（あやか）ろうとした一畑電鉄バスの一人相撲のためなのか、バス停は駅前通りにあってロータリーにはバスは入らない。現地には元のバス停名称が、淡泊に「駅通り」だった痕跡も見つかる。大社への参道は国鉄大社駅から直線で結ぶ参詣道（直線道）として計画され、1915年に大鳥居が出来て神門通りと命名されて現在に至るので（広報出雲）、畑電に軒を貸して母屋を取られた今となっては「駅通り」でも有難かったかも知れない。

　複数ある大社線の内のイオンモール経由便が日に10本以上行き来する。

＊：昇格した「本屋」以外の駅施設も1997.3.28に島根県の有形文化財に指定されている。

バス駅名	旧JR大社駅	
運行	一畑電鉄バス	
路線	大社線	
行先	JR出雲市駅	出雲大社連絡所
運行時間	8:24 ～ 18:54	8:21 ～ 19:51
運行本数	11	12
備考	全日	全日

飯南町営バス　赤名駅

「赤名駅」

「赤名バス停」（町営バスのみ）

現町営バス車庫（旧駅舎）

　JRバスの赤名駅（雲藝本線のバス駅として1934.8.15開業）の名残で、現在も待合室の「駅舎」が残り（少し離れた位置の、同町オンデマンドバスの指定乗降場所にもなる『町営バス車庫』が本来の旧駅舎で、『百年レールの駅舎』という看板がその出自を示す）、「きっぷうりば」もあって剥がされていない古いダイヤも往時を物語る。飯南町公式サイトが「出雲・石見・備後の三国にまたがり、また陰陽を結ぶ中国山地の要衛として古くから開発され」と紹介する様に、中国横断自動車道尾道松江線が2013.3.30に吉田掛合ICまで開通するまでは高速バスの拠点としても現役だった当地に「駅」が残っているのは頷ける。

　飯南町営バスの赤名吉田線（赤名駅〜たたらば壱番地）、赤名頓原線（赤名駅〜道の駅とんばら）、赤名・谷・大和線（赤名駅〜グリーンロード大和）の各線が出ている。
　2017.10から町内4エリアで運行されている飯南町デマンドバスの下赤名・上赤名ルートも「赤名駅」にアクセスする（平日のみ3往復）。
　備北交通の赤名線も三次市へ4往復していて、こちらは駅無しの「赤名」を使用するが、時刻表などには「赤名駅」表記も見られる。

バス駅名	赤名駅				
運行	備北バス		飯南町営バス		
路線	赤名線		赤名吉田線	赤名・谷・頓原線	
行先	三次中央病院		たたらば壱番地	グリーンロード大和	道の駅とんばら
運行時間	6:54〜17:40	8:30〜16:15	8:08〜16:10	6:44〜19:32	7:48〜19:03
運行本数	4	4	4	5	4
備考	平日	土日	全日	平日	平日

おおなんバス　矢上駅・田所駅

「矢上駅」

「田所駅」（背景壁面に駅名プレート）

　「矢上駅」は「赤名駅」同様に JR バスの遺産で、待合室内に由来を説明したパネルが 2018.4.1 から使用開始の新駅舎由来を説明してくれている＊。旧三江線沿線には、邑南川本線と口羽矢上線がそれぞれ、「石見川本駅」と「口羽駅」へ結び、他に瑞穂インター線、日貫線、日和線などが出入りする邑南町の交通拠点（もう一か所が田所）。口羽矢上線については口羽駅の部に再掲。

＊：1947.5.24 に省営自動車川本線の矢上駅として田所駅と同時にスタート（官報　1947.5.19 付）。

　同様に陰陽連絡線上にあるのが「田所駅」で、現地は「道の駅　瑞穂」となっているが、乗り入れる邑南町バス（高原線・出羽線・市木線・ふくし号各線）は「田所道の駅」になっていて、石見銀山号がトイレ休憩で寄る石見交通は単に「田所」としている。ということで、ここまでなら単なる道の駅最寄りバス停ということになりバス駅の仲間入りは果たさないが、嬉しいことに建物には「道の駅　瑞穂　田所駅」のプレートも嵌められ、元が国鉄バス駅「田所」だった痕跡を残している。

　おおなんバスの大朝線は田所〜大朝駅の路線だが、北広島町側のダイヤ資料では「田所駅（道の駅瑞穂）」と〝田所駅〞を前面に押し出した表記にされている。

　瑞穂⇔田所の呼称の乱れについて案内に聞いたら、元が瑞穂町で瑞穂町田所だからどっちでも良いとのことだった。

バス駅名	矢上駅							
運行	おおなんバス							
路線	口羽矢上線		邑南川本線					
行先	口羽駅		田所	三坂口		邑南町役場	石見川本	
運行時間	11:02 16:50 19:10	13:15	6:52 8:10 12:07	13:02～ 19:10	13:02 16:37 18:02	7:57 9:02 9:17	9:20～ 18:03	9:20 14:37
運行本数	3	1	3	4	3	3	5	2
備考	平日	土日	平日	平日	土日	全日	平日	土日

バス駅名	矢上駅				
運行	おおなんバス				
路線	日和線			やまびこ号日和線	
行先	山根谷上		邑知病院前	中日和	邑南町役場
運行時間	7:00～18:10*1	7:00 13:14*2 16:45	7:42	8:13*3 11:21	8:44 12:02
運行本数	4	3	1	2	2
備考	平日	土日	全日	月水木	

1: 冬季は 17:40、2: 日は 13:14 便欠、3: 水は 8:00、木は 8:09 に変更

バス駅名	矢上駅								
運行	おおなんバス								
路線	日貫線			やまびこ号日貫線		瑞穂インター線			
行先	石見今市・日貫		邑南町役場	日貫	邑南町役場	瑞穂インター高速バス停		邑南町役場	
運行時間	6:25～ 18:49*4	6:25～ 17:44	7:44	7:45*5 11:41	8:41 12:27	7:08～ 18:50*6	9:04 15:11	8:02～ 18:29	10:09 16:09
運行本数	5	3	1	2	2	6	2	5	2
備考	平日	土日	全日	火水金	火水金	平日	土日	平日	土日

4: 休校期は 18:49 欠、5: 火は 7:55、6: 休校期は 18:50 欠

バス駅名	田所駅（道の駅瑞穂）		田所（道の駅）						
運行	おおなんバス（北広島町）		石見交通		おおなんバス				
路線	大朝線		石見銀山号		邑南川本線				
行先	大朝駅		広島新幹線口	大田バスセンター	三坂口		邑南町役場	石見川本	
運行時間	7:22～ 17:39	8:05～ 15:50	9:10 17:40	11:37 16:32	13:32～ 19:38	13:32 17:07 18:35	7:30 8:50	7:18～ 17:36	7:18 14:10
運行本数	6	4	2	2	4	3	2	4	2
備考	月～土	日祝	全日	全日	平日	土日	全日	平日	土日

バス駅名	田所道の駅				
運行	おおなんバス				
路線	羽須美田所線			高原線	
行先	坪木・リゾートセンター前	山田	坪木・リゾートセンター前・羽須美支所	布施	
運行時間	7:23～18:43*1	8:52	7:23 14:10*2 17:32	6:08～18:44*3	6:08～17:23
運行本数	6	1	3	6	4
備考	平日	平日	土日	平日	土

1:17:18・18:43 は夏冬季のみ、18:43 は休校期欠、2: 日祝は 14:10 便欠、3:18:44 は休校期欠

バス駅名	田所道の駅				
運行	おおなんバス				
路線	出羽線		市来線		
行先	大林		大野		田所道の駅
運行時間	7:08～18:43*4	7:08 13:35 15:54	16:07 18:23*5	12:23 16:07 （冬季 15:42）	7:48
運行本数	6	3	2	2	1
備考	平日	土	夏季平日	土	月～土

4:17:18・18:43 は夏冬季のみ、18:43 は休校期欠、5: 冬季平日は 15:42・17:15

バス駅名	田所道の駅					
運行	おおなんバス					
路線	ふくし号高原線		ふくし号出羽線		ふくし号奥亀谷・道明・下対線	
行先	布施（水金は診療所）	小河内	徳前口	小河内	奥亀谷（予約）	山田
運行時間	8:05 11:04 12:40	9:21	8:20 11:23	9:15	8:20 11:35	9:13
運行本数	3	1	2	1	2	1
備考	火水金*6		月		火	

6: 月木は 12:40 便のみ

バス駅名	田所道の駅				
運行	おおなんバス				
路線	ふくし号大草線		ふくし号馬野原線		ふくし号市来線
行先	上大草	山田	山田	田所道の駅	市木（上田医院）
運行時間	8:20 11:16	8:46 11:42	9:23/9:32	11:42	8:20 11:00
運行本数	2	2	1	1	2
備考	金		金		水

旧三江線系　船佐・式敷・香淀・口羽・伊賀和志・宇都井・沢谷・浜原・粕淵・石見簗瀬・乙原・竹・石見川本駅

2018.4.1 廃止の三江線にまつわる、三次市・安芸高田市・川本町・邑南町・美郷町・江津市の広島・島根両県に跨る六自治体が関わる一大プロジェクトの賜物だが、旧鉄道ルートをなぞるのは主に下記の路線。

旧三江線	沿線バス停	路線名	バス駅
三次〜式敷	三次駅前〜式敷駅	式敷三次線	船佐駅・式敷駅
式敷〜作木口	式敷駅〜川の駅　常清	川の駅三次線	香淀駅
作木口〜石見都賀	川の駅　常清〜道の駅グリーンロード大和	作木線	口羽駅
石見都賀〜石見川本	道の駅　グリーンロード大和〜石見川本駅	川本美郷線	浜原駅前・粕淵駅・簗瀬駅前・乙原駅前・竹駅・石見川本駅
石見川本〜江津	石見川本駅〜江津駅前	江津川本線	石見川本駅以外は駅なし

「船佐駅」・「式敷駅」は短い式敷三次線のバス駅で、2018.7 の豪雨災害「西日本豪雨」では翌年 6.14 まで通行止めになって迂回措置が取られた様に、川縁の車両すれ違い困難な狭隘道路上にある。対岸の国道 375 号線を走る川の駅三次線は指呼の間にあっても、橋も少ないので代用することは困難だった程。

安芸高田市の高宮支所と両駅を結ぶ船佐駅線・式敷駅線も平日曜日指定で「お太助バス」として運行されている。同支所を経由して吉田出張所まで向かう「お太助バス」は駅抜きの船佐線・式敷線として日祝以外は運行されているが、こちらは路線名に「駅」がなくても終着地は「船佐駅」・「式敷駅」と「駅」付き。

両駅ともに現地での駅表示は、パイプ状の

「船佐駅」

「式敷駅」（軒下の青いポールがバス停）

ポールに巻き付けられて解読困難な正に "棒読み" の状態で、あるだけ有難いと思うしかない。

安芸高田市の川根地区で活動する川根振興協議会が 2009.10.1 から運営する「もやい便」も式敷駅と下記の香淀駅にアクセスしている。

バス駅名	船佐駅		式敷駅
運行	安芸高田市		安芸高田市
路線	式敷三次線		式敷三次線
行先	三次駅前*1	式敷駅	三次駅前*2
運行時間	7:04～18:20	10:19～19:22	6:54～18:10
運行本数	5	5	5
備考	全日	全日	全日

1: 平日 8:40 便のみ中央病院行き　2: 平日 8:30 便のみ中央病院行き

バス駅名	船佐駅			式敷駅	
運行	安芸高田市お太助バス				
路線	船佐線		船佐駅線	式敷線	式敷駅線
行先	吉田出張所		高宮支所	吉田出張所	高宮支所
運行時間	7:15　17:22	9:00	8:45　14:45	7:15	8:35　14:55
運行本数	2	1	2	1	2
備考	平日	土	火金	月～土	月水

「香淀駅」

「香淀駅」

「香淀駅」にはメインの川の駅三次線以外にも、三次市民バス作木町線（上・中・下地区で運用されている内の上地区便）が一日一往復やって来る（火～木限定）。川の駅三次線には国道 375 号上の「香淀」バス停経由と路地の先の「香淀駅」まで寄り道する両パターンがある。市民バス作木町線を補完する形で同じ上・中・下地区に、2011.10.5 から運行開始の予約制公共交通サービス「さくぎニコニコ便」が提供されており、送迎は作木線と川の駅三次線のバス停となっていて、「香淀駅」も対象になる。

バス駅名	香淀駅			
運行	君田交通		三次市	
路線	川の駅三次線（375号ルート）		市民バス作木町線	
行先	三次駅前	川の駅常清	文化センター作木	下峠様宅前
運行時間	8:59　12:19	13:57　17:32	9:23	12:14
運行本数	2	2	1	1
備考	全日		火～木	

※個人宅名が停留所に指定されているあたりが如何にもの地元密着振りを
　表している。

　作木線は厳密には「口羽駅」には寄らずに
眼の前（バス停は「口羽大橋」）をスルーし
てしまうが、"培養線" の口羽矢上線*などが
アクセスする。

「口羽駅」

*：主要地方道浜田作木線にトンネルが開通した
　ことで2016.4.1からの運行が実現したもので
　（『広報おおなん』2016.4）、作木線よりは先輩。

　「伊賀和志駅」も同様に作木線が駅前を走
り去って、同ルートのバス停は「伊賀和志」
であり、「駅」が付いてもマイナーな存在の
「伊賀和志駅」には三次市の市民バス作木町
線（下地区）が一往復のみ発着。
　「宇都井駅」は更に本線から孤立してい
て「おおなんバス」宇都井線が市街と結ぶ
（宇都井口羽線は利用低迷により、早くも
2020.4.1に廃止され予約制『はすみデマンド』
に移行した）。

「伊賀和志駅」（築堤とホームへの
スロープが見える）

バス駅名	伊賀和志駅
運行	三次市
路線	市民バス作木町線
行先	さくぎ文化センター
運行時間	8:50
運行本数	1
備考	月木金

バス駅名	口羽駅						
運行	おおなんバス						
路線	口羽矢上線		羽須美田所線				
行先	矢上駅		田所道の駅・上雪田上	田所道の駅		坪木	
運行時間	6:57 15:00	6:57	11:39 15:33	11:39 15:33	15:33	8:15 12:20	8:15
運行本数	2	1	2	2	1	2	1
備考	平日	土日	平日	土	日祝	平日	土日

バス駅名	宇都井駅			
運行	おおなんバス			
路線	宇津井線			
行先	後谷口		羽須美中学校	
運行時間	7:30 16:26 17:26	7:30 12:16	7:46 16:42 17:42	7:46 12:32
運行本数	3（冬季以外は18時台便追加）	2	3（冬季以外は19時台便追加）	2
備考	平日	土	平日	土

　「沢谷駅前」も上記の「メインルート」とは離れるが、後述する大田市と邑智地区を結ぶ石見交通の粕渕線（三江線廃止時に再編はされたが既存であり、純粋な代替バスではない）にあり、一日数往復の便がある。バス通り脇に築堤とホームが残り、私製の待合室にも「沢谷駅」と書かれているなど、便数の割には駅前の雰囲気が残っている。

「沢谷駅前」

バス駅名	沢谷駅前				
運行	石見交通				
路線	粕渕線				
行先	大田バスセンター		酒谷	九日市	
運行時間	7:20～18:20	7:20～18:20	8:19～19:29	9:59 13:59 16:19	16:19
運行本数	7	5	4	3	1
備考	平日	土日	全日	平日	土日

「浜原駅前」

　「浜原駅前」は往時の乗継駅だったためか、粕渕地区のユートピアおおち～浜原駅前は平日10往復以上の便があり、川本美郷線の基幹部分となっている（以下に紹介の築瀬・乙原・竹各駅も同様に川本美郷線の「途中下車」となるので、ダイヤ等は次の「粕淵駅」以外は省略した）。

　大田市発の石見交通粕渕線も下記の様に同じく「粕淵駅」からやって来て、この「浜原駅前」から先に向かうが、ダイヤ紹介は「粕渕駅」で代表した。

「粕淵駅」は路線図などでも「粕渕駅」と「渕」の字を用い＊、現地では「粕渕駅前」と「前」まで付く"進化"を遂げていた。大田市に一番近いこともあり、大田市駅へのバス路線もある（石見交通の粕渕線で、路線図では「粕渕駅前」だが時刻表には「粕渕駅」とされている）。

「粕渕駅前」

　一日一便の美郷町営バス粕渕竹線が沿線から離れて「竹駅」と結ぶ。

　美郷町のデマンド型乗合タクシー乙原線・信喜線の運行先・乗降場所に「粕渕駅」が含まれている。

＊：旧石見川本駅舎内の「臨時運転列車」と書かれた骨董品掲示板は「粕渕」の表記だったので、運用レベルでは混用されたものかと推察され、目くじらを立てる程のことでもないか。

　三江線より少し先に省営バスの大田線（赤名～石見大田）の粕淵駅が1935.9.23に発動していて（官報1935.9.21付）、バス転換されたことで先祖帰りした形にはなる。浜原駅も同日に開業している。

バス駅名	粕淵駅					
運行	大和観光					
路線	川本美郷線					
行先	浜原駅前	上野		石見川本		ユートピアおおち
運行時間	11:32～18:37	7:22～20:17	9:32 13:57 18:27	6:51～18:48	7:43 11:06 16:28	9:46～18:56（冬季は18:26）
運行本数	4	9	3	6	3	6
備考	平日	平日	土日	平日	土日	平日

バス駅名	粕淵駅					
運行	石見交通				美郷町	
路線	粕渕線				粕渕竹線	
行先	酒谷（13:18便は九日市）	酒谷	大田バスセンター		枦谷（竹駅経由）	
運行時間	8:08～19:18	8:08～19:18	7:31～18:31	7:31～18:31	17:10	12:40
運行本数	7	5	7	5	1	1
備考	平日	土日	平日	土日	平日	土日

※粕渕線 2021.4.1 改定

簗瀬駅前・乙原駅前・竹駅はいずれも三江線ルートに沿った川本美郷線上にあり、山間部への町営バス路線がある「竹駅」以外は平日6便・土日3便の恩恵に与るのみの大人しい存在（「竹駅」のみ上述の粕渕竹線が大きく迂回して「粕渕駅」へ向かっている）。

「石見川本駅」

　「石見川本」は高速バスを含めて多数の路線が輻湊していて路線図やダイヤ上では「駅」がつかないが、現地には「石見川本駅（バスのりば）」と書かれた大きなポール状標識が屹立している。

　川本町スクールバスの三原線と矢谷線も「石見川本」が拠点だが、同町公式サイトの両線時刻表には「石見川本駅」を使用している。同サイトのスクールバスの複合時刻表は「石見川本駅」に引きずられたのか、バス停名欄が「駅名」となって "駅" を濫発している。

　デマンド型乗合タクシー「まげなタクシー」もここから出ている（三原線と東部線が4便ずつ）。

バス駅名	石見川本									
運行	石見交通				おおなんバス			美郷町		
路線	石見銀山号		川本線		邑南川本線			川本美郷線		
行先	広島新幹線口	大田バスセンター	大田バスセンター	代官所跡	田所（道の駅）	小坂口	邑南町役場	浜原駅前	上野	
運行時間	8:28 16:58	12:09 17:04	8:21 12:15 18:45	16:35	6:22 11:35	12:30〜18:40*	8:30	11:00〜17:55	7:36 19:45	9:00 13:25 17:55
運行本数	2	2	3	1	2	4	1	4	2	3
備考	全日		全日		平日	平日	全日	平日	平日	土日

*：土日 18:40 便欠

　江津川本線が石見川本と市内を6往復するだけの江津市は駅に淡泊なのか（三江線末期の時速15km制限とかのJR西日本のやる気のなさが伝わったのかも）、中間にバス駅はない（駅名語幹部を借用した「川平」・「川戸」・「鹿賀」などの鉄道時代の駅名の駅抜き型は採用している）。その

癖に江津市バスの鹿賀線が、廃駅で言うと鹿賀〜川戸を結ぶ、何故か「日和踏切」というバス停があり、月・木曜日だけ2往復の運行がされている（江津川平線には旧駅に因む「江津本町」があるが、やはり駅抜き）。

　おまけで、沿線の惜しくも"駅未満"の「道の駅」二題を紹介。

　旧因原駅は「道の駅　かわもと」に"駅"を乗っ取られている。正式名は「道の駅　インフォメーションセンターかわもと」と無駄に長いが、「かわもと」だけだと埼玉県深谷市の「道の駅　かわもと」と間違うからか。「道の駅」の威光もあって高速バス「石見銀山号」も停車する。

「道の駅　かわもと」（後方が旧駅）

　おおなんバスの口羽矢上線・高原線・ふくし号高原線が通う「石見高原」バス停は工事に伴い2020.11.2から休止中だが、県道改良に伴う主要交通結節点として位置づけられて「石見高原駅」に変身する予定。
　屋根付待合室にトイレがつくだけの「駅」らしいが、バス駅の仲間入りすることは間違いなさそう（邑南町に五つある交通結節点の一つに指定されていて、交通拠点である矢上・田所に次ぐ要所）。

中国 JR バス　大朝駅・秋吉駅

どちらも基本は JR バス特有の建物名板に「駅」残存系。

「大朝駅」

「秋吉駅」

　「大朝駅」は時刻表にも車内電光表示も駅ありの「大朝駅」で、読み上げ音声は駅無しで、ポールも置かれない北陸鉄道バスで見た省略のパターン。

　広浜線*パンフのダイヤには「大朝駅」とあるのに対し、裏の路線略図では「大朝」と表記しているなど表記の乱れが見られる。

　北広島町コミュニティバスの大朝千代田線（上大塚～北広島病院前）・大朝美和線（大朝ＩＣ～安芸美和）とおおなんバスの大朝線（大朝駅～田所道の駅）にも「大朝駅」あり。駅建物で十分という認識か、こちらもポールは無い。

　上記の美和線の日中便を廃止し、それを補完する形でホープタクシーが同エリアで運行されて「大朝駅」にも出入りしている（『北広島町地域公共交通再編計画』）。

*：1934.3.26 に広島～亀山北口で営業開始の広浜線は同年 6.16 に大朝まで延長され（官報 1934.6.15 付）、大朝駅の誕生となる。

バス駅名	大朝駅			
運行	中国 JR バス			
路線	広浜線			
行先	大朝車庫	広島駅	千代田インター	広島文教大学入口
運行時間	8:01～20:17	6:04　6:54　11:48	8:30　12:28	15:54　17:14　18:56
運行本数	8	3	2	3
備考	全日	全日	全日	全日

バス駅名	大朝駅					
運行	北広島町				おおなんバス	
路線	大朝千代田線		美和線		大朝線	
行先	北広島病院	上大塚	安芸美和	大朝インター	田所	道の駅
運行時間	7:40～ 16:39	15:21（水のみ） 16:27（水以外）	7:10	8:05	8:24～18:14	9:30～16:22
運行本数	4	1	1	1	6	4
備考	月～土	月～土	月～土	月～土	月～土	日祝

　「秋吉駅」は時刻表では山口駅行きのJRバス*と新山口行きの防長バス共に駅なしの「秋吉」で、建物だけが孤塁を死守する形。船木鉄道の「あんもないと号」も美祢方面にアクセスし、本数も前二者といい勝負をしているが、やはり「秋吉」。

*：1946.11.8に開業の省営秋吉線によって秋吉駅が生れている（官報1946.11.7付）。

　秋芳地域北部と南部で運行*している美祢市の予約制乗合タクシー「のりあいジオタクシー」の秋芳1・2号車は「秋吉バス停」を経由している。

*：北部は2018.10.1からの運行で、南部・北部それぞれ2011.10・2014.10に運行開始の秋芳地域南部・北部ミニバス（制度としては2009.10から実証実験開始）からの移行。

バス駅名	秋吉駅						
運行	中国JRバス	防長交通					
路線	秋吉線	新山口駅～秋芳洞				美東中学校～秋吉	
行先	山口駅		秋芳洞		新山口駅		美東中学校前*
運行時間	6:35～ 18:00	6:55～ 18:00	8:08～ 19:38	10:43～ 19:38	6:44～ 17:39	8:34～ 17:39	7:22
運行本数	6	4	9	8	9	8	1
備考	平日	土日	平日	土日	平日	土日	登校日

*：美東中学校便は旧美東町の申出により1960年から防長交通の自主運行便として運行していたが、「令和3年4月から市全体で統一した基準による新たな通学支援制度に基づき、スクールバスを運行することから、令和3年3月末で美東中学校便及び関連路線の美東中学校への乗入れを廃止します」と美祢市発表があった。

バス駅名	秋吉駅						
運行	船木鉄道						
路線	あんもないと号						
行先	秋芳洞		大田中央		美祢駅		美祢市立病院
運行時間	6:40～ 19:19	7:30～ 17:10	8:37～ 20:04	9:00　9:30 11:30	6:52～ 17:44	8:06～ 17:39	7:24～ 16:01
運行本数	4	2	7	3	4	7	5
備考	平日	土日	平日	土日	平日	土日	平日

吉賀町バス　六日市駅

「六日市駅」

元は国鉄バスの「六日市駅」＊だったが、引き継いだ中国JRバスは1998.3末で路線廃止し、同年4.1から六日市〜日原を関係三町村（六日市・柿木・日原）で六日市交通に委託し、錦町〜六日市を錦町が運行することになった（吉賀町『六日市町史　第三巻』2007）。

＊：官報1934.8.30付に拠ると、省営自動車の岩日線が出会橋〜日原で延伸された1934.9.6にバス駅として誕生している。

「六日市」

現在も吉賀町内の各路線は引き続き六日市交通がバスの運行を請け負っていて、錦町側も岩国市に合併されて運行主体が岩国市に変わった＊以外は大きな変化は無く、両自治体ともにダイヤ・路線図で「六日市駅」を使用している。但し、現地は1992年完成の「ふれあいホール」という施設の一階が待合室として使われて「六日市駅」とされているが（前掲町史）、掲示されたダイヤ以外に駅を名乗るものは見当たらない。

＊：岩国市の生活交通バスが錦川鉄道の終点錦町駅とを結んでいて、未成区間に未練があるかの様に運行は錦川鉄道。

同様に陰陽連絡路線である益田〜広島は石見交通により1952.11から運行されていて今に到るが、駅無しの「六日市」を採用している。但し、現地バス停には骨董品としか思えない木製ポールが立っていて、古さをアピールしようとしているかの様（上述の六日市交通と岩国市生活交通バスにも当然ポールはあるが、肝心の「六日市駅」のみはホール施設におんぶ

にだっこ状態でポール類は置かれていない)。

　吉賀町公式サイトに拠ると「旧六日市町は、古くから陰陽両道を結ぶ交通の要衝として発展し、参勤交代の宿場町として栄えていました。」とやはり元来一端の駅なのではあった。にも関わらず陸運に関しては、その後は不遇を託ったのは皮肉で、駅にしがみ付きたいのも判らないではなく、沿線に残る未成に終わった岩日北線の路盤がBRTにしたらと誘っているかの如くに映るのだった。

バス駅名	六日市駅							
運行	吉賀町バス							
路線	広域線		蔵木線		蓼野線			
行先	日原駅	ゆらら	深谷大橋		国重橋		ゆらら	
運行時間	8:29 17:12	8:10 10:50 19:53（土のみ18:53）	7:22～17:35	7:22 12:10	6:55～17:12	6:55 8:39 12:56	8:01～17:29	8:01 10:10 14:23
運行本数	2	3	4	2	5	3	4	3
備考	月～土	月～土	平日	土	平日	土	平日	土

バス駅名	六日市駅				
運行	吉賀町バス				
路線	高尻線				六七線
行先	新田		ゆらら		下七日市
運行時間	6:55～16:58	6:55　8:35 12:25	8:01～17:57	8:01　9:57 13:47	8:07
運行本数	5	3	5	3	1
備考	平日	土	平日	土	月～土

バス駅名	六日市駅		六日市	
運行	岩国市生活交通バス		石見交通	
路線	六日市線		清流ライン	
行先	錦中学校前[*1]	錦中学校前[*2]	広島新幹線口	石見交通本社
運行時間	7:10～18:34	7:10～18:34	7:16～18:46	10:00～19:30
運行本数	7	4	6	6
備考	火木金	月水土	全日	全日

1:7:10・17:46便は道の駅行き、18:34便は錦町駅行き
2:7:10便は道の駅行き、18:34便は錦町駅行き

サンデン交通　東駅

「東駅」（1番乗場）

「東駅」
（3番乗場。背景にモニュメント）

　　前身の山陽電気軌道時代*の東下関駅に由来する駅名を今も掲げる。現地の「東駅由来記」碑には起源が東下関〜小串を走った長州鉄道とあり（1914.4.22 営業開始）、同社の幡生〜小串の国有化に伴い 1928.10.30 で山陽電気軌道への免許譲渡が許可されてからのサンデン時代となるので、譲渡前史も受け継いでいることになる。

　*：同社沿革によれば、1924.9.27 設立の山陽電気軌道株式会社が 1971.2 に電車事業廃止し、1971.6 に社名サンデン交通株式会社に商号変更し、バス会社として再出発。

　　現状は広い十字路に方面毎に別れた四か所の乗車場と降車場からなる立派なバスターミナルで、単なる市電の折返し場所だとしたら考えられない様な出世振り。
　　蒸機の動輪程には目立ちはしないが、スポーク車輪を模したモニュメントが出迎えてくれる。

　　路線は無数あって列挙は煩雑なので、乗場ごとの経路案内に留める。

バス駅名	東駅										
運行	サンデン交通										
乗場	1番				2番			3番		4番	
方面	北浦方面	川中豊町方面	ゆめシティ・新下関駅	福岡	新下関駅・ヘルシーランド・中央霊園・内日河原	幡生駅	勝谷団地方面	唐戸経由長府・小月方面	唐戸経由下関駅方面	武久・稗田方面	筋川経由下関駅方面
行先	綾羅木・安岡・吉見・川棚温泉	—	天神・福岡空港			—	—	—	—	—	—

Ⅶ　九　州

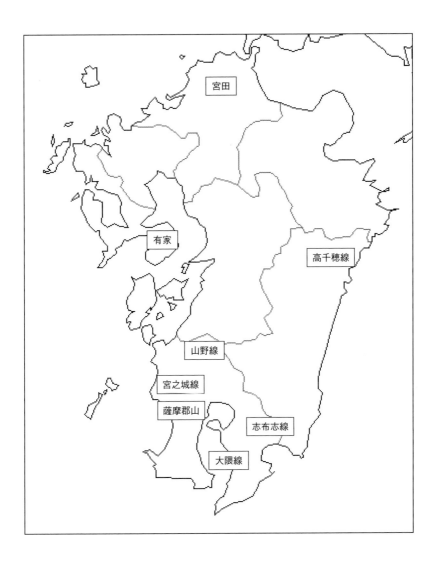

宮田

有家

高千穂線

山野線

宮之城線

薩摩郡山

志布志線

大隈線

筑前宮田駅跡地　　　　　　旧「筑前宮田」　　　　　「旧 JR 宮田駅」

　筑豊炭田最後の石炭線として活躍（安藤喜代司『門鉄駅物語』交通月報社 1983）した後に、1989.12.23 廃止の JR 宮田線の終着駅跡のバス停。

　現状はロータリー工事中で以前よりも駅跡感が薄れつつあり、西鉄バスの使われなくなった「筑前宮田」バス停ポールのみが残されていた。肝心の宮若市コミュニティバス宮田・小竹線の「旧 JR 宮田駅」バス停は近所に避難しており、すぐ近くに西鉄バスの駅抜きだが「筑前宮田」という正式駅名を名乗る由緒ある上記バス停も移設*。ちなみに、同市の百合野線**のバス停にも「筑前宮田」があり、「旧 JR 宮田駅」バス停とも近いが、ネーミングに旧国鉄駅が暗喩されているのかは不明。

　月水金のみ（しかも二便のみ）運行される宮若市「巡回ふくしバス」の脇野・磯光地区方面はマイナーな存在ながらも「旧筑前宮田駅」と、こちらは正統派の名称を採用している。

*：惜しいことに、2020.10.1 でこの西鉄バス路線は廃止となり、工事後の旧駅ロータリーに戻るのは「旧 JR 宮田駅」のみとなるだろう。記念に廃止前のダイヤの概略を以下に示す。

　　宮若市役所行きが　7:29 ～ 18:54（平日 10 本）、9:39 ～ 17:24（土曜 4 本）、9:40 ～ 17:25（日祝 4 本）

　　直方行きが　6:32 ～ 17:42（平日 10 本）、8:02 ～ 17:42（土日 5 本）

**：上記西鉄バス宮田線の廃止に伴い、百合野線が 2020.10.1 に「宮田・百合野

線」へと統合されたが、「筑前宮田」を経由するのは変わっていない。

　同様に、宮田・小竹線でも桃山線を統合する変化があったが肝心のバス停（「JR宮田バス停」と「旧JR宮田駅」）には変動は生じず。

　近くにJR九州バスの宮田バスセンターがあり（元は国鉄バス駅で2009年までは「宮田町」駅だが今は単に「宮田」。1943.1.29付官報に拠れば、1943.2.1に直方線の宮田町〜新飯塚で運行の飯塚線として産声を上げる）、宮若市コミュニティバスの各路線（含む鞍手町『みやわか線』）もこの「JR宮田バス停」から出ているが「駅」は名乗っていない。

　そのJR九州バス直方線の一部廃止に伴い、2019.10.1から宮若市・飯塚市の共同運行コミュニティバス宮若・飯塚線が運行されていて、宮田〜新飯塚駅を結んでいる。途中バス停の「筑前生見」と「筑前岩淵」はその名残りで、名称にバス駅の臭いを漂わせている。

　ダイヤは「駅」を含んだしっかりしたバス駅の「旧JR宮田駅」と「旧筑前宮田駅」のみ紹介。

バス駅名	旧JR宮田駅				旧筑前宮田駅
運行	宮若市コミュニティバス				巡回ふくしバス
路線	新宮田・小竹線				脇野・磯光地区方面
行先	JR小竹駅		JR宮田バス停		社会福祉センター
運行時間	6:07〜19:25	7:00〜18:13	6:50〜20:21	8:13〜19:06	9:22　14:02
運行本数	7	5	7	5	2
備考	平日	土日	平日	土日	月水金

旧高千穂鉄道　高千穂駅・日之影駅前・川水流駅前・下曽木駅前

　廃止された高千穂鉄道の沿線で運行されるバス路線に、数え方にもよるが名称で数えると、駅を頂く下記六つのバス停が存在。

宮崎交通：川水流駅前・日之影駅前・高千穂駅

日之影町　コミュニティバス「すまいるバス」：日之影温泉駅

高千穂町　「ふれあいバス」：高千穂駅

延岡市　乗合タクシー「さわやか号」：下曽木駅前

　先ずは大物から処理すると、宮崎交通が延岡駅〜高千穂バスセンターで路線運行しており、旧道経由とバイパス経由があり、分岐前・合流後のどちらも通う「川水流駅前」・「高千穂駅」に比べると、旧道に置かれている「日之影駅前」は本数が減る（『特急』はバイパス経由だが両駅も通過する）。バスの本数は少ないが、「日之影駅前」には日之影温泉駅舎が列車ホテルと化した車両群ともども圧倒的存在感を示している。

　初めに登場の「川水流駅前」は延岡市に合併される前の北方町が住居表示に全国唯一干支を用いていた出自を誇る様に、映画広告風の看板にバス駅名とともに「日本唯一干支の町」と書かれていて（耳にあたる部分に川水流地区の干支の卯が描かれている）本体のポール標識よりアピール力が強い。

「川水流駅前」

バス駅名	延岡駅	
運行	宮崎交通	
路線	延岡駅〜高千穂バスセンター	
行先	高千穂バスセンター	
運行時間	5:45〜20:00	6:40〜18:15
運行本数	13	11
備考	月〜土	日祝

※延岡駅からの「高千穂駅」行きが、特急以外は全て「川水流駅前」を通り同本数のため延岡駅で代表。

　バイパス分枝後の旧道というか川沿い崖っぷち道にあるのが「日之影駅

前」で、立派な駅舎や
列車ホテルもあって活
気はある。

　宮崎交通の「日之影
駅前」ポールに寄生す
る形で、日之影町「す
まいるバス」（2008.6.2
運行開始）の「日之影

「日之影駅前」

旧日之影温泉駅

温泉駅」もある。町内中心部を循環する本来の鉄道駅名を継承するバス停
になる。

バス駅名	日之影駅前				日之影温泉駅	
運行	宮崎交通				日之影町コミュニティバス	
路線	延岡駅～高千穂バスセンター				すまいるバス　循環線	
行先	高千穂バスセンター		延岡駅		時計回り	反時計回り
運行時間	6:49～18:24	9:49～18:24	6:27～20:12	6:27～18:58	7:07～16:55	8:28～16:28
運行本数	6	5	6	5	7	6
備考	月～土	日祝	月～土	日祝	平日	平日

　「高千穂駅」バス停はトロッコ列車の運行
が続く旧駅前に置かれ、事情を知らないと
"なんちゃって駅"だとは気付かないかも知
れない。

　その旧高千穂駅前には並んで高千穂町ふれ
あいバスの「高千穂駅」バス停が置かれてい
る。コミュニティバスで町の中心部に近いの
で延岡駅行きよりも本数は多い。押方・向
山・三田井方面の9路線、田原・上野方面の
3路線、岩戸方面の3路線が通る。

　宮崎交通の高千穂回遊バス（2015.9.19か
ら運行）が「高千穂駅」を経由していたが、
2019.3.31で運行終了している。

　日之影止まりの日之影線時代が長かったの

「高千穂駅」

高千穂駅舎

で、高千穂には自動車線時代があり、こちらも先祖帰り組の一員である（官報 1944.5.29 付に拠ると、日之影～高森の自動車線の日之影線が同年 6.1 に開業し「高千穂」バス駅の歴史がスタート）。

バス駅名	高千穂駅						
運行	宮崎交通						
路線	延岡駅～高千穂バスセンター				高千穂峡～高千穂バスセンター		天岩戸神社前
行先	延岡駅		高千穂バスセンター		高千穂峡	高千穂バスセンター	天岩戸神社前
運行時間	5:26 ～ 19:42	5:57 ～ 17:32	7:19 ～ 21:09	7:58 ～ 19:33	12:25 13:45 14:55	16:05	11:45 ～ 15:20
運行本数	13	11	13	11	3	1	4
備考	月～土	日祝	月～土	日祝	土日	土日	土日

旧曽木駅舎（曽木地区の干支の『子』が記されている）

旧北方町内を走る延岡市の乗合タクシー「さわやか号」大保下線の「下曽木駅前」は曽木駅跡にあり、旧駅舎が現存するせいかポールが設置されていなかった。「下」が付くのは下曽木地区の「駅前」という乗りなのであろう。前後のバス停の運行図にはちゃんと「下曽木駅前」と記載されている。他の北方地域線と同じ 2001.7.3 の運行開始で、木曜のみ一往復の運行。

バス駅名	下曽木駅前	
運行	乗合タクシーさわやか号	
路線	大保下線	
行先	大保下	北方医院
運行時間	12:57	8:08
運行本数	1	1
備考	木曜	

JR九州バス　薩摩郡山駅・宮之城駅

　どちらも基本は駅名建物残存系だが、郡山はダイヤや路線図は駅無しだが、営業所が「駅」という認識で現地ではローカルに「駅」を多用。その癖、独立したバス停ポールはない。「薩摩」が付加された段階で全国を意識したネーミングで、風格十分なせいか（鹿児島市街からの便が多数ある割には、現地は地味な佇まいだが）、余裕を見

薩摩郡山駅

せて“表札看板”はシンプルに「郡山駅」。

　鹿児島市コミュニティバス「あいばす」も来ているが、やはり「薩摩郡山」で駅はつかない。それでも「駅」と書かれた建物と一体化している訳で、知らないとは言わせないという感じ。1947.3.15に国鉄バス北薩本線の鹿児島〜西鹿児島の途中駅として名乗りを挙げている（官報1947.3.7付）。

バス駅名	薩摩郡山					
運行	JR九州バス					
路線	薩摩郡山〜鹿児島駅		薩摩郡山〜薩摩中央高校			
行先	鹿児島駅		宮之城		薩摩中央高校	鹿児島駅
運行時間	6:10〜20:04	6:10〜20:04	7:32〜19:22	7:24〜19:22	6:22	7:04〜20:04
運行本数	25	22	7	7	1	8
備考	平日	土日	平日	土日	全日	全日

バス駅名	薩摩郡山	
運行	鹿児島市あいばす	
路線	西俣コース	
行先	池田鼻	
運行時間	8:47/9:39〜16:50/17:40	8:47/9:43〜17:02/17:56
運行本数	4	4
備考	火木土	月水金

　「宮之城駅」は国鉄バス単体であれば、鉄道駅との接続バス停なのでバス駅とはならないが（前著では『隠れバス駅』とした）、鉄道廃止でハシゴを外されて、バス駅に昇格した形になる。

　1987.1.10の宮之城線廃止で廃駅となった「宮之城駅」にも館内に窓口

が配置されて郡山と似たパターンだが、建物は自治体所有のせいか「駅」は前面に出していない。JR 九州バスは「薩摩郡山」とのシャトルのみがアクセスだが、多数の便が行き交う鹿児島交通と南国交通については旧宮之城線の項で述べる。

宮之城鉄道記念館

館内の宮之城駅コーナー

バス駅名	宮之城	
運行	JR 九州バス	
路線	薩摩郡山〜薩摩中央高校	薩摩郡山〜鹿児島駅
行先	薩摩中央高校	鹿児島駅
運行時間	7:19	6:10 〜 19:10
運行本数	1	8
備考	全日	全日

南国バス　山野駅・湯之尾駅前

山野駅跡

「山野駅」

　廃止された山野線の旧薩摩大口駅の「大口」はバスターミナルとして機能し、駅は名乗らず小綺麗な待合室があるのみ。すぐ脇は1988.2.1廃止の山野線跡が道路になっていて旧山野駅まで続いている。

　その駅跡に鉄道公園風の草地に車両等が残り、南国バスの大口行きと鹿児島空港行きが停まるのが「山野駅」。旧駅はバス通りとは一本離れた路地にあり、駅を名乗るにしてもせいぜい駅前がいい所か。

バス駅名	山野駅				
運行	南国交通				
路線	大口～西山野		水俣～鹿児島空港		
行先	西山野	大口	鹿児島空港	大口	水俣駅前
運行時間	10:10 12:10 14:10	8:41 10:19 12:19	10:35 13:05 16:25	18:05	8:40～16:07
運行本数	3	3	3	1	4
備考	月～土	月～土	全日	全日	全日

　「湯之尾駅前」は文字通り駅前で駅舎やホームなどが残り雰囲気はよい。吉松・栗野駅と大口を結ぶ路線と伊佐市の乗合タクシー湯之尾線が通う。タクシー停車地の名称は「桜の駅公園」だから、道の駅っぽいが一応は「駅」を維持か。

　県公式サイトには「旧湯之尾駅鉄道敷地を利用してできた公園のため、線路やホームの

「湯之尾駅前」（背景が旧駅）

跡が残っています。桜の名所で春になると花見客で賑わいます。公園内に
『金鉱石』が展示してあります。」とあり、駅だと思って見ていても、実は
公園にいるのが正しいということになりそうだ。駅にまつわる碑かと思っ
て件の謎の物体に近付くと、ただの巨大金鉱石なのが判るのもガッカリ要
素。

バス駅名	湯之尾駅前							
運行	南国交通							
路線	大口〜栗野				大口〜栗野 (前目経由)			
行先	栗野駅前		大口		栗野駅前		大口	
運行時間	10:04 17:04	7:49 10:04	8:26 〜 17:37	8:34 〜 15:42	7:42 15:27	11:47 15:27	16:17	16:27
運行本数	2	2	4	4	2	2	1	1
備考	平日	土日	平日	土日	平日	土日	平日	土日

バス駅名	湯之尾駅前			
運行	南国交通			
路線	大口〜吉松			
行先	吉松駅		大口高校 (14:33 便は大口)	
運行時間	13:14 〜 18:54	13:14 13:54 17:34	6:28 7:28 14:33	7:33 14:33
運行本数	4	3	3	2
備考	平日	土日	平日	土日

　旧山野線の廃駅関連では、厳密にはバス駅ではないが薩摩布計駅にまつ
わる伊佐市「のりあいタクシー」布計線の「布計駅前」がある（後述の旧
宮之城線関連のバス駅である「西太良駅」・「羽月駅前」にも別路線が通っ
ている）。

　要予約で月〜土の運行。「布計駅前」が含まれる布計地区を8:15頃と
9:53頃発で山野地区の「主要停留所」へ向かい、山野地区11:04頃・12:17
頃・14:17頃発で戻る（11:24頃・12:37頃・14:37頃布計着）。

　ちなみにこの「のりあいタクシー」の湯之尾線には「停車場」という停
留所がある（菱刈地区には九つある『主要停留所』の一つなので、同地区
の他の路線もここを経由する）。位置からして旧菱刈駅をイメージしてい
るとは思われるが、脇に駅跡の碑が鎮座する県道48号から入った路地で、
固有名詞ではないからと二重苦でこちらも番外扱いとなった。

水俣市コミュニティバス　深川駅跡

旧山野線の肥後深川駅に因む。同市コミュニティバス「みなくるバス」の大川線*のバス停で、市内山間部を水俣市街地経由で水俣駅と結んでいる。線路跡が水俣駅付近から13km超にわたって「日本一長い運動場」として整備されている関係からだろう、トイレや休憩施設もある。

「深川駅跡」（左に日本一長い運動場）

現在5路線ある「みなくるバス」は、御多分に洩れず路線バスの廃止に伴い、梅戸～茂川に 2003.1 から運行されて導入されたもの。

隣のバス停は「深川」で、こちらには南国バスの路線も通っており、水俣駅前から出る鹿児島空港への便が前述の「山野駅」・「湯之尾駅前」経由で運用されている。

*：同線のバス停「愛林館前」は、旧久木野駅最寄りということで、私製の久木野駅前バス停という看板が待合室に掲げられてあるが、バス停名とも大きく異なるので非公式なものとして本書では扱わなかった（隣接民家の壁に“駅”と書いてあったりしただけでも取り上げなくてはならなくなる）。こう書いたものの実は厳密なルールではなく、旧能登線の「能登七見」の様に“バス駅ドル箱”路線の威光で載せたものもある。

駅跡はなんでもよいが、旧駅となると建物自体も気になって来て、待合室風情だと厳しい。建物の押し出しが如何に立派でも、旧新橋駅のモニュメント風建物ですら“旧駅風”でしかないし、国立駅前に再築された旧国立駅舎もピカピカ状態の再現で“旧”とはフツーは思わないので、判断に迷う場合もあるのが正直なところ。素直に“別属性”にして貰っていると旧施設が残っていても諦めが付きやすい（「松波城址公園口」のケース）。

バス駅名	深川駅跡						
運行	みなくるバス						
路線	大川線						
行先	大川公民館前				水俣駅前		
運行時間	8:50～17:50	9:20	12:35	17:20	7:50～16:06	8:26	10:56	14:16
運行本数	4	3			4	3	
備考	平日	土日			平日	土日	

旧宮之城線　山崎駅・宮之城駅・佐志駅前・鶴田駅前・鶴田駅入口・求名駅前・永野駅・西太良駅・羽月駅前

　1987.1.10 廃止の川内〜薩摩大口の旧宮之城線にまつわるバス駅群。入来・樋脇駅は脱落だが名残は見られる（薩摩川内市バスマップなどに系統名 48・49 として樋脇線が、行先として「樋脇駅」が残っており*、川内駅前ロータリーのバス乗り場案内にも「樋脇駅」の表記が残る。同様に 40・41 系統の路線名と行先に「入来駅」が存続。両者ともに現在は鉄道記念館となっている）。同様に「楠元駅前」も存在したが現在は「楠元」。

*：2019.1.31 までの運行だった薩摩川内市ゆうゆうバス（翌 2.1 からは樋脇地域デマンド交通「ゆうゆう号」）の「旧樋脇駅前」ポールが放置されていたり、更新メンテ不足などによる駅も散見されはする。

「樋脇鉄道記念館前」（手前に「旧樋脇駅前」ポール）

「入来」・「入来鉄道記念館前」

　現存分を川内市側から紹介すると、最初が鹿児島交通の「山崎駅」で薩摩山崎駅に因む。朝便二本のみの地味な存在のバス停だが、駅跡は雰囲気のある広場になっている（築堤に沿ってはソーラーパネルが連ねられている）。

　離れたメインのバス通りには「山崎」バス停がある（同居する JR バスは「山崎町」）。

山崎駅跡

「山崎駅」

バス駅名	山崎駅
運行	鹿児島交通
路線	薩摩中央高校
行先	薩摩中前
運行時間	6:58　　7:58
運行本数	2
備考	月〜土（休校日 6:58 便欠）

「宮之城駅」は JR 九州バスの他に鹿児島交通と南国交通＊が乗り入れる一大バスターミナルで、建て替えられた立派な建物の名称は宮之城鉄道記念館。さつま町公式サイトに「昭和 62 年（1987 年）に国鉄宮之城線廃線となった旧宮之城駅跡に建設されました。現在は、観光案内所、バスターミナル、会議室などがあり多くの利用があります。」とある様に複合施設だが、周囲

「宮之城駅」

は鉄道公園風に整備され、同町コミュニティバスと乗合タクシー「共用区域乗降指定場所」は「宮之城鉄道記念館」を用いる。1989.2.26 落成なので、仕事が速いというか鉄道の来ない町の意地のなせる業なのか。

＊：南国交通には旧駅ではない「宮之城」という営業所風のターミナルが別に存在し、コミュニティバスの金山線も出ている。鹿児島交通にも「宮之城車庫」が別に存在して川内駅への便が出る。

バス駅名	宮之城					
運行	鹿児島交通					
路線	30/31 系統		入来駅	30/31 系統		30 系統
行先	上川内		入来駅	宮之城車庫		串木野
運行時間	7:41 ～ 18:37	8:21 ～ 17:36	7:00 8:00	7:14 ～ 19:37	8:05 ～ 18:37	6:51
運行本数	10	4	2	10	6	1
備考	月～土	日祝	月～土	月～土	日祝	月～土

バス駅名	宮之城	
運行	鹿児島交通	
路線	湯田車庫	薩摩中央高校
行先	湯田車庫	薩摩中央高校
運行時間	13:12 ～ 18:52	7:11 8:11
運行本数	4	2
備考	平日（土は 17:52 便欠）	月～土（休校日 7:11 便欠）

※「入来駅」が系統名・行先に見えるが、バス停としては存在しないのは前述の通り。

バス駅名	宮之城（鉄道記念館前）						
運行	南国交通						
路線	大口宮之城			大村循環	求名農協前	永野駅宮之城	神子口宮之城
行先	大口 (6:26便は大 口高校)	大口	大口高校	大村循環	求名農協前	永野駅	神子口
運行時間	6:26 〜 17:21	9:16 15:06	8:16 12:49	9:46 16:06	7:56	18:29	11:36
運行本数	6	2	2	2	1	1	1
備考	平日	土日	土日	平日	土日	平日 (休校日欠)	平日

バス駅名	宮之城（鉄道記念館前）			
運行	南国交通			
路線	樟ヶ谷		空港シャトルバス	
行先	樟ヶ谷		鹿児島空港	阿久根市役所
運行時間	18:49（冬季 は18:19）	17:04	6:17 〜 18:20	9:59 〜 22:04
運行本数	1	1	10	10
備考	平日	土	全日	全日

バス駅名	宮之城鉄道記念館
運行	さつま町コミュニティバス
路線	薩摩支所線
行先	薩摩支所前
運行時間	10:10 14:00
運行本数	2
備考	月〜土

「佐志駅前」

旧佐志駅

「佐志駅前」は国道504号のバス通りにある地味なバス停で、ホームなどが残る駅跡本体は少し離れた十字路で直交する道路沿いにあり、"駅前"とは言い難い。平日のみ、南国バス（二種類の大村循環の宮之城行き）とさつま町のコミュニティバス（2019.4.1に運行開始した予約制の薩摩支所線）が通う。

バス駅名	佐志駅前		
運行	南国交通	さつま町コミュニティバス	
路線	永野循環	薩摩支所線	
行先	宮之城	薩摩支所前	鉄道記念館
運行時間	9:53/10:22 16:13/16:42	10:17 14:07	9:18 14:38
運行本数	2	2	2
備考	平日	月〜土	

「鶴田駅前」　　　　　　　　　旧鶴田駅舎　　　　　　　　　　　「鶴田駅入口」

　鶴田駅絡みでのバス駅は「鶴田駅前」・「鶴田駅入口」の二つがある。鉄道記念館として内部も保存された駅舎が残り、その眼の前にあるのが「鶴田駅前」バス停。こちらは悲しいかな平日一本のみ宮之城に向かうだけで風前の灯状態。一方の「鶴田駅入口」は、どこが入口だと突っ込みたくなる位に離れているが、メインのバス通り上では最寄りということになるのだろう。本数もそこそこあって、バス鶴田駅の将来はこちらに託すしかないか。それにしても駅へのアクセスも不明だし、行ってみたら駅跡とあっては二重に肩すかしのバス駅ではある。

バス駅名	鶴田駅入口						鶴田駅前
運行	南国交通						
路線	大口〜宮之城				永野〜宮之城		鶴田中学校〜宮之城
行先	宮之城		大口（最終は樺ヶ谷止まり）		宮之城	永野	宮之城
運行時間	7:09〜17:57	7:09〜17:27	6:48〜19:11（冬季18:41）	8:38〜17:26	6:58	18:51	8:17
運行本数	6	5	7	5	1	1	1
備考	平日	土日	平日	土（日祝は17:26便欠）	平日（休校日欠）	平日（休校日欠）	平日

「求名駅前」

　「求名駅前」バス停も旧駅が遠望できる程度に離れた街道沿いにあり、その旧駅も空き地でそれと認識できる程度で、すぐ脇の橋の欄干に蒸機のボックス動輪を象ったモニュメントが取り付けられている方がアイコンとして目立つ。バスは「鶴田駅入口」と同じ宮之城〜大口線が通る。

バス駅名	求名駅前			
運行	南国交通			
路線	大口～宮之城			
行先	宮之城		大口 （最終は樟ヶ谷止まり）	
運行時間	7:04 ～ 17:52	7:04 ～ 17:22	6:53 ～ 19:16 （冬季 18:46）	8:43 ～ 17:31
運行本数	6	5	7	5
備考	平日	土日	平日	土 （日祝は 17:31 便欠）

「永野駅」

永野駅舎

　「永野駅」も内部も保存された鉄道記念館に、ホームには本物なのか薩摩広橋と求名の駅名標まで並ぶ至れり尽くせりのスポットで、スイッチバックだったお蔭で広い平地が確保されたのが幸いしたか。

　羊頭狗肉と言うか派手な押し出しの癖にコミュニティバス（さつま町の金山線）を除くと南国バスが宮之城まで一往復するのみで、10往復する鹿児島空港への路線はメイン通りの駅無しの「永野」バス停へのアクセスになる（距離的には近いが）。

バス駅名	永野駅				
運行	南国交通	さつま町コミュニティバス			
路線	永野～宮之城	金山線			
行先	宮之城	屋地仲町		金山	
運行時間	6:40	7:07	7:07　12:02	14:53 （臨時） 17:28 19:13 （冬季 18:43）	13:13　17:28
運行本数	1	1	2	3	2
備考	平日	平日	土	平日	土

「西太良駅」

西太良駅記念公園

　「西太良駅」はバス通りから見える記念公園にホームの名残があり、南国交通バスが宮之城～大口を結ぶ。伊佐市に入ったせいもあってのりあい

タクシー川西線のバス停も同居するが、ポールには「西太良駅バス停」と表記される。

バス駅名	西太良駅			
運行	南国交通			
路線	大口〜宮之城			
行先	宮之城		大口	
運行時間	6:47〜17:35	11:42〜17:05	7:10〜18:05	9:00〜15:50
運行本数	6	4	6	4
備考	平日	土日	平日	土日

「羽月駅前」も「西太良駅」と似た配置だが、脇道に入った直後にあるためか駅前を名乗っている。

上記の南国バスの他に、伊佐市内バスの田代線と北薩病院線が当駅経由で曜日指定の運行がなされる。

「西太良駅」と同じ路線ののりあいタクシーも通う。

「羽月駅前」

羽月駅記念公園

バス駅名	羽月駅前							
運行	南国交通				市民バス			
路線	大口〜宮之城				田代線		北薩病院線	
行先	宮之城		大口		田代	大口	北薩病院前	大口
運行時間	6:42〜17:30	11:37〜17:00	7:15〜18:10	9:05〜15:55	9:17 10:42 13:12	8:52〜14:13	9:17 10:47	11:02 12:27
運行本数	6	4	6	4	3	4	2	2
備考	平日	土日	平日	土日	火〜木		月金	

鹿児島交通　松山駅跡・末吉駅跡

　1987年に廃止の旧志布志線関連で、「旧○○学校前」などのネーミングと同感覚なのか、真面目に史跡としたいのか不明だが「駅跡」バス駅が二つ。

「松山駅跡」

旧大隅松山駅

　「松山駅跡」は鹿児島交通のバス停で、志布志〜都城線をメインとし、他に鹿屋方面へのアクセスもある。結構雰囲気のある大隅松山駅ホーム跡が残るが、バス停からは少々離れていて知らないと辿り着けないかもだ。

バス駅名	松山駅跡						
運行	鹿児島交通						
路線	志布志〜都城					志布志〜岩川	
行先	都城駅	中森園	末吉駅跡	志布志		志布志駅前	岩川
運行時間	9:12 11:02 16:32	6:47	7:47	7:32〜 17:22	7:32 8:32 14:42	6:59〜 16:44	8:53〜 15:53
運行本数	3	1	1	5	3	5	4
備考	全日	平日	平日	平日	土日	平日	

「末吉駅跡」

末吉鉄道記念館

　「末吉駅跡」は鉄道記念館として周囲を含めて「松山駅跡」よりも整備されていて、駅舎内に往時の時刻表も残る。市街地にあってメインの国道269号からは奥まった路地の先だが、"駅前"自転車置場も現役の駅張りに活躍していて、パーク＆ライドにも貢献していそうで陸運施設として活気を感じる。

　アクセスするバスの本数はルートこそ違えど「松山駅跡」と同程度ある。

　曽於市「思いやりタクシー」棚木線・大隅支所線など計8線は実を取って「鉄道記念館前」としており、同市「思いやりバス」には「岩北駅跡」バス停もあったが、「岩北郵便局前」に変わってしまった。

バス駅名	末吉駅跡						
運行	鹿児島交通						
路線	鹿屋～都城				志布志～都城		
行先	都城駅	鹿屋		岩川	志布志		志布志高校前
運行時間	9:03～ 17:28	6:22～ 16:27	10:22 12:12 13:22	18:34	7:07～ 16:57	7:07 8:07 14:17	15:52
運行本数	8（土日6）	5	3	1	5	3	1
備考	平日	平日	土日	全日（土日は 16:27便あり）	平日	土日	全日

「垂水駅跡」　　　　　　　　　　垂水鉄道記念公園

　「垂水駅跡」は 1987.3.13 廃止の国鉄大隅線沿線のバス停で、バス通りである国道 220 号線裏手には垂水鉄道記念公園があり、ホームなどの「跡」が残る。国分駅から直行の垂水港行きバスが 4 便あり、ほぼ旧大隅線沿いに走っている。他に、鹿児島空港や桜島方面行きと、終着が垂水港の各線も通る（フェリーの発着する新垂水港が表玄関でバス停は「垂水港」なのに対し、旧垂水港には名前だけは地域代表の様な「垂水」バス停が残る）。

バス駅名	垂水駅跡				
運行	鹿児島交通				
路線	国分～垂水			鹿児島空港～垂水	桜島～垂水
行先	国分駅		垂水港	鹿児島空港	桜島港
運行時間	5:47 ～ 19:30	5:47　10:57　17:15	7:08 ～ 20:51	7:01 ～ 16:05	6:02 ～ 18:57
運行本数	4	3	16	4	8
備考	平日	土日	平日（土日は 18:46 便欠）	全日	全日

　沿線には遺構も見え隠れするが、残っていてもよさそうな最有力候補の鹿屋は立派なリナシティかのや内の有人窓口もあるバス待合所への出入りで（駅跡はバスルートと離れて鹿屋市鉄道記念館として存在）、下記の「串良駅跡」以外は駅無しでハズレである。

　終着の志布志には現役の駅もあって、鉄道記念公園である廃線跡も残る。但し、バス駅はない。

　鹿屋～志布志のメインバスルート（「串良」バス停がある）からは少し

外れた位置に大隅線旧駅に因む「串良駅跡」バス停があり、鹿児島交通の
バスが平日メインで来ている。駅跡自体はフツーの緑地広場だが、鉄道記
念公園ではある。隣の東串良駅跡も緑地になっているが、「東串良」バス
停からは離れる。

　『広報かのや』に拠れば、2007.9.1から運行の鹿屋
市コミュニティバス「かのやくるりんバス」も、当串
良地区では実証実験を経て2016.4.1から本格運行が始
まっている。5ルートあり、全て「串良駅跡」に通っ
ている。2001年にオープンの鹿屋市串良農産物等直
売施設「みどりの停車場」もコミュニティバス馬掛
ルートのバス停だったが、2020.10の改正で廃止され
ている。

「串良駅跡」

バス駅名	串良駅跡		
運行	鹿児島交通		
路線	志布志〜鹿屋		
行先	志布志		鹿屋
運行時間	6:42〜17:41	17:41	6:10〜17:30
運行本数	4	1	4
備考	平日	土日	平日

バス駅名	串良駅跡					
運行	鹿屋市くるりんバス					
路線	新堀ルート		旭原・串良ルート		馬掛ルート	
行先	串良さくら温泉	新堀公民館	串良ふれあいセンター	はるしま整形外科クリニック	串良さくら温泉	馬掛公民館
運行時間	9:21　11:46	10:36　14:46	9:26　11:21 13:56	9:56　12:31 14:46	9:58　12:08	10:56　14:46
運行本数	2	2	3	3	2	2
備考	火		水		木	

バス駅名	串良駅跡			
運行	鹿屋市くるりんバス			
路線	立小野ルート		市街地ルート	
行先	串良さくら温泉	立小野	串良さくら温泉	
運行時間	9:15　11:55	10:36　14:46	13:46/13:55	9:48/9:57 12:16/12:25
運行本数	2	2	1	2
備考	金		火木金	金

「有家」

旧有家駅ホーム

　島原鉄道が島原港までに短縮された現在、同社が旧沿線にバスを走らせている中に「駅」が潜んでいる。建物のみに「駅」が残るうっかり「写り込み」バス駅のパターンだが、旧有家駅前の「有家」バス停は待合室として残る駅舎と混然一体化していて、相対式ホームも相まって限りなく鉄道駅に近く映る。

　駅前広場はバスの待機場にもなっていて、有家バスターミナルとも呼ばれ兼ねない状態。

　国道251号からは奥まった位置にあり、素通りする路線もあるが、それでも16本の系統が半島各地に向けて出入りする大繁昌振りを示す。

　便数が多く（特に朝方の島原駅方面と夕方の加津佐・島原駅方面）行先も多種につき"駅舎"内に貼りだされた時刻表で代替した。

　左から諫早・小浜、湯川内、島原駅前、雲仙、須川港、加津佐海水浴場前、島原・多比良港行き（公式サイト内の時刻表での行先は16通りに細分されている）。「下町」は海沿いメインルートの最寄りバス停。

Column　消えたバス駅

　調査の結果、バス駅としては引退したことが判明した惜しいケースをいくつか拾ってみた。

●新潟交通佐渡　金沢駅前　畑野駅前

金沢駅前交差点の「金井」

畑野駅前交差点の「畑野十字路」

　新潟〜両津の航路を挟んだ連絡運輸の名残のバス駅で、新潟交通の佐渡自動車線が両津から佐渡新町までの間に、佐渡金沢・佐渡河原田・相川・新穂・畑野の中間駅を設けていた。金沢や河原田に佐渡を冠する辺りは既述の通り駅名重複回避の常套手段で、如何にも連絡運輸のお里が知れる。

　県民だより・佐渡地域版『はばたき』vol.12(2003) によれば、「金沢（現：金井）・新穂・畑野・新町（真野）のバ

ス停は『駅』と呼ばれ」、「通しの切符や、チッキ（鉄道手荷物）を扱って」おり、「昭和50年代前半にはバスの『駅』は廃止されましたが、しばらくの間バス停の名称としてその建物とともに残って」いたものが、「昭和50年代後半にはバス停名称も変わ」ったとする。

　後年の自治体発信情報に「金沢駅前」バス停が載っていたりして（『市報さど』2005.2 など）、エラーや漏れで駅を散見できる程度に残像はあるが、「写り込み」系に分類するのは憚られる状態。

　現状は、交差点名に金沢駅前が残る最寄バス停は「金井」で、往復どちら側にも待合所があり、眼の前のレストラン「駅馬車」も雰囲気を盛り上げているがバス駅とするには苦しい。新潟交通佐渡の本線と通学用の国仲線が通っている。

　同様に広めの待合所はあるものの、畑野駅前の道路標識だけが頼りの畑野駅のバス停は「畑野十字路」で新潟交通佐渡の南線と岩首線と国仲・金丸線が走る。

●臨港バス　桜本駅前

現ポール

旧ポール (2014)

現在は川崎市バスの「桜本」バス停しか立っていないが、以前は同居する臨港バスの停留所名は「桜本駅前」だった（京急バスの蒲45系統も2020.1.15に廃止されて、今は京急の名も外されている）。京急大師線と川崎市電の駅名に因むもので、臨港バスの現役「桜本」バス停は少し離れた場所に川23系統で活躍中。

●ブルーライン交通　大嶺駅前

サンデン交通の子会社ブルーライン交通の美祢駅からの路線にあるバス駅。同社の「H31.4.16現在」と称する路線図にも「大嶺駅前」とあるが、現地を訪れるとバス停ポールには「大嶺」とあり、

なんとそこには「平成30年4月1日より『大嶺駅』バス停は『大嶺』へ名称が変更になります」の無慈悲な宣告文が貼り付けられていた。路線図とは「駅前」⇔「駅」で符合しないが、どうやら「大嶺駅」は元バス駅なのだった。"最新路線図"には「駅」とあるので認めたい気もしたが、現地ポールに改称告知が厳然とあって、駅の雰囲気も漂わせていないので諦めた。車内案内のみに「駅」が残る「鹿教湯温泉駅」と相通ずるものがあるが、それより儚い蜃気楼の様な存在。

美祢駅で船木鉄道バスの運転手に大嶺駅行きの便を聞いたら、会社が違うこともあろうが、「そんなものはありません、南大嶺駅にしか行きません」とけんもほろろの回答でやはり幻なのだった。

本数は意外とあって、美祢駅への路線が一日10往復している。以前は「あんもないと号」も来ていたが、路線見直しで2018.10.1からは美祢市ジオタクシーとなり、「大嶺駅」を採用していたのにバス路線からは脱落して残念（『美祢市地域公共交通網形成計画』）。

Ⅷ　BRT 系

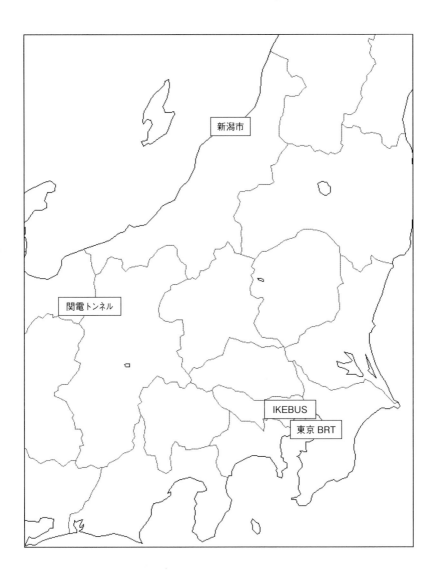

新潟市

関電トンネル

IKEBUS

東京 BRT

BRTについては大船渡・気仙沼線で見た様に、専用道ではない一般道上のバス停を駅と見做すのか、もし併設の路線バスのバス停があったら（『駅』を付けていなくても）フツーの駅前バス停として処理するのか、バス駅を（共）有していると解釈するのかなどの問題が残る（原則として、本書では当事者が『駅』と表記していれば尊重して取り上げていることは先に述べた）。

先ずは状況把握のために、鉄道（含むBRT）駅と同居バス停との関係について主なタイプを次表の様に整理してみた。

鉄道駅／バス停	□△型				○◇型	
	□△駅	□△駅前	□△	○□△駅	○◇駅	○◇
□△駅	同一 ①	「前」付加 ②	駅抜き ③	語句追加 ④	バス駅	無関係 ⑤
○□△駅	語句省略 ⑥	語句省略 ⑦	無関係・類似	同一 ①		

それぞれについて大船渡・気仙沼線で併設バス停の実例を列挙すると以下の様になる：

①南気仙沼駅・陸前高田駅・陸前今泉駅
②本吉駅前・竹駒駅前・上鹿折駅前・小友駅前・細浦駅前・大船渡駅前・鹿折唐桑駅前
③大谷海岸・不動の沢・気仙沼市立病院
④BRT志津川駅・赤牛海岸（BRT小金沢駅）

※対　志津川駅・小金沢駅

⑤片浜・気仙町高台・三日市

※対　松岩駅（専用道に移設前）・陸前今泉駅・西下駅

⑥（該当ナシ）
⑦矢作駅前・鹿折駅前　　　　　　　　※対　陸前矢作駅・鹿折唐桑駅

バス停名称に駅がついていれば、BRT駅と同名（①）でも異なっても（表中の○◇型「バス駅」）バス駅にはなる。

駅に「前」を足して駅前にするパターン（②）はありふれたタイプで、最寄りではあるが独立したバス駅ではない（駅通などの派生形も同様）。

　鉄道駅名から駅を外したバス停（③）もバス駅とはならないが、BRTのポールと隣接して置かれていると視覚効果上はほぼバス駅とは映る。

　BRTという説明語句を足したバス停（④）の場合は、自明な追加であれば問題ないが、「赤牛海岸（BRT 小金沢駅）」の様に副名称の扱いをすると“赤牛海岸”駅がチラついて来て別のバス駅の臭いがすることもある。

　改称などの要因でBRT駅名とは異なる名称で駅のつかないバス停（⑤）のケースも、タイプ③と似て別名の駅を主張しているかの視覚効果が生じる。

　BRT駅名から冗長と思われる要素を取り去ったバス停（⑦）は、バス駅として別カウントも可能だが他人の空似と見るのは無理がありそう。大船渡・気仙沼線沿線では駅前型しかなかったが、駅型であればタイプ⑥になる。

　結局、表中に○◇型「バス駅」とした真正のタイプ以外は、参照先の鉄道駅のバス停のコピーとなって新たなバス駅の発生は稀であると思われる。コバンザメ式に鉄道（BRT）駅に寄生するバス停は、駅止め（や駅前）であればバス駅の共有が原則となりそう。

　当篇では、鉄道だった時期のない手垢の付かない面々というか、専用道を持たない自称BRTの怪しい仲間達を紹介。ベースがバスなので、先ほどチェックした他の路線バスが寄り添って副次バス駅が発生することも稀だが、以下に挙げた様に現在進行形の路線もあり、今後の展開が楽しみではある。

・相模原市

　相模原市は2009年に発表した「新しい交通システム導入基本計画（案）」を皮切りに、BRT導入に向けて動いているが、首長も変わり2021.1.14公表の「相模原市行財政構造改革プラン」では、幹線快速バスシステム導入推進事業について「『新しい交通システム導入基本計画』の廃止を検討します」、「県道52号等を走行するバスの速達性や利便性の向上を図る施策を次期総合都市交通計画へ位置付け、取組を進めます」とし、今後具体化

するのは難しい状況か。

　ぐずぐずしている間に、隣接の町田市（"都内初"と銘打って2012.5.28から開始）と厚木市（2008.2.4から）では神奈中の連節バス「ツインライナー」*を使ったBRTが運行開始している。バス駅はない。

*：2005.3.14に湘南台駅西口〜慶応大学で使用したのが始まり。

・神戸市

　2013.9策定の「神戸市総合交通計画」に基づいて「公共交通ネットワークの利便性向上を図っていくため、近年注目されている次世代型路面電車を用いたLRTや、連節バスなどを用いたBRTの導入可能性について」検討していたが、プレ運行を経て2021.4.1から神姫バスによる連節バスを用いた「Port Loop（ポートループ）」の正式運行が「都心〜ウォーターフロント」で始まっている。駅は使わずに停留所としているが、そのお洒落なデザインにはBRTぽさは感じられる。

・日田彦山線

　豪雨災害で運休中の日田彦山線の添田〜夜明間に関しては、BRTで復旧することが2020.7.16の第6回日田彦山線復旧会議で決定した。添田〜彦山間は一般道を走行し、彦山〜宝珠山間をBRT専用道とする計画で、鉄道時代の10駅が駅と停留所の合計で31になる模様。

・和歌山市

　和歌山市も2020.11.27の「新たな公共交通BRTの共同研究スタート」と題した発表で、南海電鉄とBRT導入に向けて検討を開始するとし、実現に向けて動き出している。

> # 東京BRT　虎ノ門ヒルズ・新橋・勝どきBRT・
> # 晴海BRTターミナル

「虎ノ門ヒルズ」

「新橋」付近で未開通のトンネル脇を
走る連節バス

勝どきBRT（道路面側）

当初は「将来の開発や東京2020大会の開催を踏まえ」（東京都『東京都臨海部地域公共交通網形成計画』2016）と東京オリンピック絡みを匂わせていたが、下記のプレ運行を含めてやや後ろ倒しか。

既に前月から試運転は行っていたが、2020.10.1からプレ運行を開始*。連節バスと派手なバス停以外はフツーのバスだが、停留所は全て「駅」というスタンス。歩道よりも道路側からの方が駅名が大きくて見やすいのは鉄道の車窓風景を思わせる（「勝どきBRT」の写真参照）。

「晴海BRTターミナル」

*：東京都都市整備局によると「環状第2号線地上部道路開通後から一次運行を開始し、東京2020大会後に系統を増やした二次運行を行」うそうで、環状第2号線本線トンネル開通前の一次運行前状態に応じた運行。

「虎ノ門ヒルズ」は文字通り虎ノ門ヒルズ一階にあるビル中の発着所。
新橋駅は鉄道駅もあるので「新橋駅」や「新橋駅前」などでもよいはずだが、単に「新橋」と名乗って自身が駅であるという主張をしている。「新橋駅」を名乗ると停留所が駅だとしている手前、「新橋駅」駅になって

具合が悪いという背景もあるのだろうか*。

「勝どき BRT」は自ら BRT を名乗らないと自己主張しづらい、ポールが派手なだけのフツーのバス停。

現行の終点「晴海 BRT ターミナル」は立派な名前の割に、如何にも仮設といった感じの何も無い広場で、バスが数台駐車しているが、職員の待機所の様なものもなく殺風景。

*: 都バスのバス停は「新橋駅」と「新橋駅北口」の他に裸の「新橋」があって（港区コミュニティバス「ちぃばす」は前二者のみ）、駅近でも「駅とは無関係な単なる地名」というスタンスは似ているか。

バス駅名	虎ノ門ヒルズ		晴海 BRT ターミナル			
運行	東京都（京成バス）					
路線	東京 BRT					
行先	晴海 BRT ターミナル		虎ノ門ヒルズ		新橋	
運行時間	6:50 ～ 22:15	7:10 ～ 22:10	6:14 ～ 21:48	6:26 ～ 21:27	6:00 ～ 22:19	6:00 ～ 22:19
運行本数	48	45	48	45	27	18
備考	平日	土日	平日	土日	平日	土日

新潟市 BRT　萬代橋ライン

「新潟駅前」

「駅前通」

「青山」

　2015.9.5 スタートのこの BRT は優先レーンはあるも専用レーンはなく、バス停やポールが赤基調で如何にも JR 東日本の気仙沼・大船渡線 BRT を参考にしたと思われる以外は BRT ぽさはない。こうした中途半端な存在なのは試行錯誤中という背景もあろうが、一方で連節車が走るなど突っ込み所も多く、政争の具にもなりかねない*様な成長途中の存在だ。そういう意味でも駅未満か（当初の紹介資料『新バスシステムによる新しい公共交通』2013 には『BRT 駅』の表現が使われていた）。

　新潟交通のツートンカラーを模した車体もあって、廃止された同社線を標榜しての取り組みなのかも。

*：新潟市は「『新バスシステム・BRT』総括 」(2019) に於いて「BRT の要素欠落」と題して、本来は「専用走行路を走り、より早く、より時間に正確に、より多くの人を運べるシステムを意味する」筈が「専用走行路の設置に至らなかったことで、『より早く』という利便性の向上を利用者に提供できないまま導入へと進んでしまった」と正直に反省している。

　新潟市長の 2020.9.29 定例会見で、市長就任時の公約だった「新バスシステム（バス高速輸送システム =BRT）の大幅見直し、再検討」を大きく見直すと述べ、新潟交通との運行事業協定を再度延長し、2022 年度末までとするとしたので暫くは安泰か。

萬代橋ラインとして運行されているのは、下記の4路線だが、新潟駅前〜青山が大動脈になっていて、そこから先で枝分かれしている。W30〜32・W40〜42・W51系統も寺尾・大堀・小新方面から本ラインに直通。単一路線としての本数の多さではピカ一である。

B10：新潟駅前〜青山（B10快は連節バス使用の快速）、B11：新潟駅前〜青山〜青山一丁目

B11：新潟駅前〜青山〜青山本村（青山本村始発は平日6:33便、土日6:23/9:33/18:33便のみ。）

B13：新潟駅前〜青山〜西部営業所

バス停名	新潟駅前		青山	
運行	新潟市BRT			
路線	萬代橋ライン			
行先	青山・青山一丁目・西部営業所		新潟駅前	
運行時間	5:47〜23:42	5:47〜23:42	5:15〜23:00	5:15〜23:00
運行本数	141	96	137	95
備考	平日	土日	平日	土日

関電トンネル電気バス　扇沢駅・黒部ダム駅

「扇沢駅」　　　　　　トロリーバス時代の「黒部ダム駅」（2015）

　立山黒部アルペンルートの一翼を担う交通手段だが、2018年度までではトロリーバスで一応は鉄道の仲間であったものが、2019.4に電気バスに置き換わったことで以前のままの「扇沢駅」と「黒部ダム駅」を有するBRTの様な存在となってしまっている。現地での変化は、ざっくりと表現すると「トロリー」を「電気バス」に置き換えただけで、到る所に駅が残されている。玄関表札である写真の「扇沢駅」看板は、以前は「関電トンネルトロリーバス」だったのが、後半の「トロリーバス」を外して「関電トンネル」になっていた。電気バスに変わっても駅だと主張していることになるのだろう（ちなみに、大町駅とのシャトルバスをアルピコと共同運行している下記の関電アメニックスなどは、公式サイトで「立山黒部アルペンルートへお越しいただくお客さまを『JR信濃大町駅』から『トロリーバス扇沢駅』にお送りする路線バスの運行をいたしております」とトロリーのまま放置している有様）。

　黒部ダム〜扇沢が非鉄道ということになると、乗り入れているアルピコ交通と北アルプス交通（関電アメニックス）の扇沢線（信濃大町駅前〜扇沢駅前）の「扇沢駅前」は入れ替わりの形でバス駅に昇格することにはなる*。アルピコ交通の特急バス「雷鳥ライナー」は長野駅東口〜扇沢の運行だが、路線図では「扇沢駅」の表記ながら、時刻表は駅抜きの「扇沢」

になっている。扇沢でのバス停ポールは「扇沢駅」で、大町駅行以外の下表特急・高速便と共用（『駅』使用状況も同様）。

*: 切符は「扇沢駅前」表記で、現地も確かに駅前ロータリーへの出入りだが、ポールは「扇沢駅」。

バス駅名	黒部ダム	扇沢
運行	立山黒部アルペンルート	
路線	関電トンネル電気バス	
行先	扇沢	黒部ダム
運行時間	8:05 〜 17:35	7:30 〜 17:00
運行本数	19	19
備考	全日	全日

※ 7/23 〜 8/16 の増 4 便を含む。

バス駅名	扇沢駅			
運行	アルピコ交通			
路線	雷鳥ライナー	新宿白馬線	白馬扇沢線	扇沢線
行先	長野駅東口*	バスタ新宿	白馬コルチナ	信濃大町駅
運行時間	10:30 〜 17:00	16:10	10:15　16:10	7:05 〜 17:55
運行本数	5	1	2	12(多客期は 16)
備考	全日			

2021 春〜秋ダイヤ 　　　*:15:40 便はメトロポリタン長野行き

※濃飛バスによる高山への高速バスも春〜秋の期間限定であったが（1 日1 往復）、2021.4.1 で廃止された。

IKEBUS（イケバス）　幻に終わった東京初のLRT

　『池袋副都心交通戦略』などに拠ると、豊島区には「池袋副都心の再生に向けて、グリーン大通り等へのLRTの導入可能性について、これまで検討を行ってき」た経緯があり、「新たな公共交通システムの導入について検討し、導入を推進」した結果、「池袋の主要スポットを巡る観光に視点を置いた乗り合いバスとして、グリーンスローモビリティである『IKEBUS（イケバス）』」が2019.11.27に定期運行を開始した。「鰻を注文したら穴子が出てきた」感は否めない。

「池袋駅東口」のAルート

　池袋駅東口からのAルートと池袋駅西口からのBルートが、一時間当たり三本の頻度で運転されているが、バス停は停留所としており駅も用いていない。但し、新潟市BRTに見られた様に御多分に洩れず、こちらもBRT"業界スタンダード"を標榜したのか、バスの車体と同じ真っ赤なバス停ポールが特殊な存在であることをアピールしている。

同西口Bルート
「池袋駅西口」バス停

　実乗してみると、景色が楽しめるとする最高速度19km/hが、日常の移動手段と観光目的との蛇蜂取らずになっていないのか、路線バスよりRapidでない"BT"に存在意義があるのかなど気になる点も多い。

　「IKE・SUNPARK」バス停は同公園内にある関係で、誘導員が三角コーンで仕切られた走路を開閉しているので、実質的な専用道部分が発生している。このため同バス停は「駅」と呼んであげたい気持ちもある。

バス停名	池袋駅東口	池袋駅西口
運行	豊島区	
路線	IKEBUS	
行先	Aルート	Bルート
運行時間	10:15～19:55	10:00～20:33
運行本数	30	33
備考	平日	平日

夏季ダイヤ（2021.1.18から冬ダイヤに）

IX　ダミー系

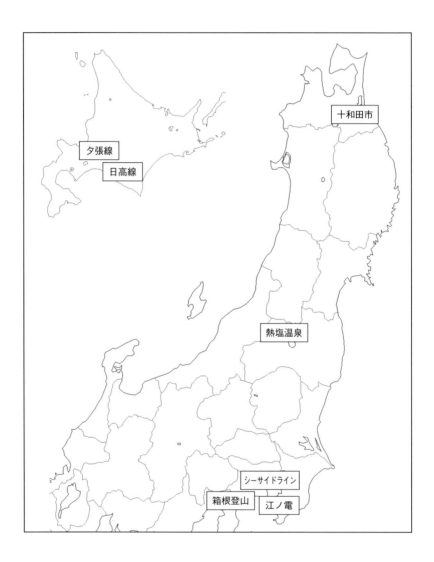

十和田市

夕張線

日高線

熱塩温泉

シーサイドライン

箱根登山

江ノ電

　代役や助っ人なので、本職がいる間は陽の目を見ない日陰の存在となり、バス駅とはなり難い定めの一群。

【廃止代替バス】

　国鉄連絡運輸に関連する正統派バス駅を除くと、残りの大半は廃線鉄路の置き土産なのはこれまでに紹介した通り。廃止直後は名称に駅を残すことが多いが、以下に見る様に "なまもの" で、徐々に駅離れが進むのは世の常（コラム「消えたバス駅」も参照）。

・十和田市駅

　十和田観光電鉄廃止に伴う 2012.4.1 からの十和田～三沢の「電車代替バス」は駅に冷たく「十和田市駅」バス停は 2016.3.25 に廃止されている。野辺地線の「駅通」バス停が現存することについては既述。

・熱塩温泉駅

　日中線廃止後もかつての終着駅熱塩には会津乗合（喜多方駅前～千石沢で運行の吉志田・日中線）の「熱塩温泉駅」があったが、2012.10.1 で予約型乗合交通の実証実験に移行して廃止となり、今はデマンド交通・みんべえ号が走るも "駅バス停" はなし。

　代わりに喜多方ぶらりん号が停まる「南町・馬車の駅」というのが登場している。

・旧夕張線

　JR 北海道の夕張支線が 2019.4.1 に廃止されたのは記憶に新しいが、代替交通機関となる夕張バスは同日付で改称して飛ぶ鳥跡を濁さずに迷子駅は誕生しなかった。夕張駅前のバス停は元々レースイリゾートだし、途中駅の沼ノ沢・南清水沢・清水沢・鹿ノ谷の各駅前バス停も無難な駅無し名称に変更されている。

【運休代行バス】

本家の鉄道が復活するまでの儚い命だが、鉄道輸送がないのに「駅」があるという括りでは本書に関わって来る。予行・本番・助っ人の3パターンを挙げる。

まずは予行演習のケース
・日高線代行バス

「様似駅前」

「静内駅」

2020.10.27 に翌年 11.1 での廃止が発表されたが（2021.1.5 に 4.1 への廃止日繰上げ届出が認可）、廃止までは公式上は休止だからバス停が駅でも駅は増えない。単に改札口が移動しただけの扱い。

現状の日高線代行バスは、災害による不通ということもあって間近な道路を並走するという訳にはいかない部分も多く、メインの通りから離れて結構クネクネと路地を走っている。そのせいで思わぬ副産物が生れていて、それが静内〜鵡川にある「大狩部（高台）」で、「大狩部」駅の鵡川寄りの次のバス停だが時刻表にも登場しない謎の存在。時刻表では列車の扱いだから停まる全てのバス停は駅ということになり、この「大狩部（高台）」も目出度く新駅誕生ということになる。海岸沿いにある「大狩部」駅からはすぐだが、文字通り高台にあって路地を入って陸側に登った位置にある。道南バスの「大狩部」バス停も隣接しているが"高台"は付けていない。

※廃止後の運行内容が公表され、それによると様似〜静内を JR 北海道バスが、静内〜苫小牧を道南バスが廃止代替バスを走らせることになった。バス停名称については、前者は「駅」を含むバス停は置かず＊、後者は既存の「駅」を含むバス停（富川・清畠・厚賀・静内・三石・浦河駅）は全て駅を取って"卒駅"となった（浦河は「浦河駅通」⇒「みなと公

園」と早くも『駅』を見限って大変更）。

　ちなみに本変更と同時に、道南バスが新千歳空港〜浦河で運行していた特急「ひだか優駿号」がJR北海道バスに移管され（土日のみの運行）、罪滅ぼしなのか同社はえりも〜苫小牧を1往復の特急「とまも号」も新設した。

＊：広尾〜様似を含む既存路線にあった「様似駅」（現地ポールは「様似駅前」だが）も「様似」に書類上は変わっている。

　新冠町のコミュニティバスは各線が「新冠駅前」に停まるが、「市街地では、道南バス停留所か駅で乗降となります」の但し書きがあって「新冠駅前」は数少ない市街地に指定されており、"駅"で乗降するだけなので放って置くのかと思いきや、四日間のタイムラグを設けて4.5付で「新冠駅前」の表記を「新冠農協前」に変更の旨の告知が出された。同コミュニティバスの新冠静内線のみ、静内駅へアクセスするため「静内駅前」を有していたが、こちらも同日付けで「静内」に変更となる。

　その静内だが、新ひだか町公式サイトは同町へのアクセス情報で「旧JR静内駅。現在は静内バスターミナルとして利用されています」としていて、「静内バスターミナル」に改称したようだが、現地で駅表記の看板類が全て撤去されていないと、他の旧駅も含めて「写り込み」でバス駅が成立する可能性はある。道南バス運行の新ひだか町内循環線も静内駅へ向かうが、同社の右倣え改称で「静内」になった。

　日高町など近隣自治体で、日高沿線に出入りするバスの路線図・時刻表の手入れ不十分で駅が残る例も見られる。

　短くなった日高本線の終端となる鵡川駅を抱えるむかわ町には、日高線代替バス以外に道南バスの穂別鵡川線と町営バスと同コミュニティバス各路線があるが、旧富内線絡みの「春日駅跡」が存在する（道南バスは「春日」）。町バスの春日花岡線が平日1.5往復に、コミュニティバスの鵡川川西・鵡川川東線が1.5往復と約2往復するが、後者は「停留所ポイント」に停まる予約制の運行で、前者も個人宅前が停留所となる類いのラインナップに属し、ポールが無記名なこともあって本編では

扱わず。

　本編で紹介した札沼線代替バスのケースでは、結構な駅がバス停として生き残ったが、同じ道内でも日高線の場合には駅の消込みが執拗に実施されたのは、「駅は鉄道のもの」という正常化バイアスが働いたからなのだろうか。末端部の廃線という事情は共通で、対応に差が出た理由が謎である。

　続いて本格的なパターン

・箱根登山鉄道　ケーブルカー

　2019年の台風19号による被害で長らく運休となっていた箱根登山鉄道だが2020.7.23から全線で運転再開した。この間は路線バスに加えて代行バスを走らせていて、駅は増えないものの景観としては大きな変化が生じた。

　この間にケーブルカーも設備更新の運休を実施して一足先に2020.3.20に運行再開したが、この間はやはりバスによる代行輸送となった。ケーブルカーの代替輸送というのは珍しいのではないかと思うが、箱根登山の場合はケーブルカーの終点早雲山からのロープウェイが口を開けて待っているから実現したのだろう。傾斜地という特性もあって鉄路を横から串刺しにする様な走路も多く、既存の「箱根美術館」バス停の脇にケーブルカー代行バスの「公園上駅」のポールが建てられていたりもした（赤の他人同士だから、名称の親疎具合が駅名異同にはつながらないが）。

「箱根美術館」バス停脇の「公園上駅」と代行バス

無人運転を補うパターン

・シーサイドライン

2019.6.1 に始発駅の新杉田で逆走事故を起こして休止となって、再開後も有人運転を強いられた結果、運転手数からの制限で便数が決まり、不足分を補う形の代行バスとなった。

事故翌日 6.2 の案内「代行輸送乗車場所」では「代行バス乗降場」と書かれた

新杉田駅（2019 年の有人運転時）

立て板看板が駅付近の歩道に置かれたが、翌 6.3 の案内「振替輸送バス停」では文字通り駅最寄りバス停に相乗りする形で、居候バス停からの利用に変わった。鳥浜駅振替輸送バス停で見ると、新杉田方面が「木材港入口」バス停、金沢文庫方面は「サブセンター前」バス停といった具合で、定期券などが有効なだけのバス輸送となり“駅名”の宣言はなかったので、駅の異動は無かったと見做すべきか。

繁忙期のヘルパー

・江ノ電

運休ではない代行バスというものもあり、繁忙期の客分散を狙った江ノ電バスが鎌倉駅〜由比ヶ浜バス停で鉄道代行輸送として試験運行されたことがある（2014.5.5 だったが、乗る前に鉄道運賃と合わせた 190 円の車内補充券を発行されてドア手前で回収という謎のシステム。行先も何故か長谷駅に変更されていた）。鉄道が健在な時点での代行だし、急行だったので途中停車もなく駅の追加はな

照明塔ポールに貼り紙表示。車両は通常の路線バス（2014）

いのだが、ルートと停留所の位置によっては新顔の登場となるケースもあろうかと紹介した次第。

X　番外篇

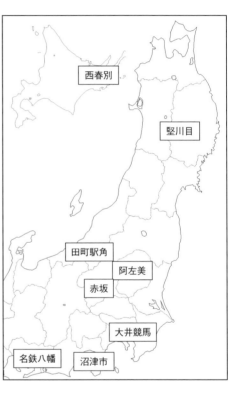

鉄道を期待すると裏切られるバス停達を紹介してきた訳だが、しんがりとして少し癖のある連中の出番となる。それら曲者たちを大別すると「デンシャ来ない系」と「デンシャ来る系」とになる。

「デンシャ来る系」はズルいという声も聞こえて来そうだが、先ずは「デンシャ来ない系」から。

デンシャ来ない系

【紛らわしい・勘違い系】
文字通り、駅があると勘違いさせるネーミングのバス停達。

・南魚沼市市民バス　田町駅角
同市民バスの浦佐・五箇コースに「田町駅角」というバス停がある。「浦佐駅西口」バス停の次で当然ながら"田町駅"は存在しない。南魚沼市浦佐の字名「田町」から取ったのであろうが、"田町駅"を探す人がいたらお気の毒だ。市電でもないのだから、浦佐駅すぐの交差点に次の駅があると期待する方が間違っているということになるのだろうか。

同エリアを運行する南越後観光バス（という名の路線バス運営企業）には「石打駅角」・「塩沢駅角」・「六日町駅角」・「堀之内駅角」・「川口駅角」・「小千谷駅角」・「広瀬駅角」の「駅角」バス停があり、ネーミングの地域性によるものなのかも知れない。

・駅通
十和田観光電鉄の例を紹介したが、南さつま市コミュニティバス「つわちゃんバス」の加世田・金峰地域を巡る高橋線にも「駅通」バス停がある（月水金の二往復のみ運行）。今は亡き南薩鉄道*の阿多駅にまつわるものと思われるが、"通り"と称するだけで、「駅が近い」とまでは主張していないので誤乗誘導疑惑については嫌疑不十分か。

そもそも駅（前）通りは、道路法で主要地・港と「鉄道若しくは軌道の主要な停車場若しくは停留場」とを連絡する県道である停車場線に指定さ

れることが多く、鉄道の廃止後も停車場線が残っているケースは頻繁に見られる。バスの拠点として有効活用されている廃駅であれば、それこそバス駅への連絡路として停車場線を名乗り続ける資格はあるのではなかろうか。

*：南薩鉄道の旧駅にまつわる似た事例として鹿児島交通の「吹上浜」バス停が挙げられる。こちらは吹上浜駅に因むが、時刻表検索では「吹上浜（旧駅）（日置市）」と表記される。当地日置市には廃線跡を活用した全長23.9kmの自転車専用道路「吹上浜サイクリングロード」があり、この途上バス停となる訳だが、他に吉利駅跡地と永吉駅跡地がロードマップに名所として挙がるものの、吹上浜駅は吹上浜公園として一括されてスポットライトは当たっていない。「旧駅」という普通名詞としても、括弧内の副名称としても弱いので番外としている。

・西春別駅前

西春別駅前は別海町の地名*で阿寒バス標津標茶線のバス停は「西春別」だが、待合室は「西春別駅前待合所」。別海町生活バスの西春別線は「西春別駅前バスターミナル」と地名の七光りオーラが凄いので、「駅」を期待してしまいそうだ。「世田米駅前」も同様に地名起因の事例だが、本編に採用したのは国鉄バス駅時代に正式のバス駅だったため。

*：『角川日本地名大辞典 1 北海道 上巻』（角川書店 1987）に拠ると、西春別駅前は以前は別海町大字平手村の一部で、1937年に陸軍省軍馬補充部根室支部建設のため道路南側が立ち退かされ、標津線西春別駅前の新市街に移転させられており、これが「駅前」地名の由来らしい。

・沼津市デマンドタクシー　戸田・江梨線

停留所と停車場の表記が共存している例として富士市のデマンドタクシーを挙げたが、同様例の悪意無き誤用版というか「停車場所」の乗りと思われる使用例が本ケース（西渡駅で「ふれあいバス」の例も紹介している）。

旧戸田村である沼津市戸田地区を走るこのデマンドタクシーは、バス事業者の撤退により2013年度から運行開始している。同市公式サイトの公

共交通紹介ページには：

　　路線名称　戸田・江梨線　愛称「ふじみ go!」
　　運行形態　路線不定期運行（デマンド式）
　　　　　　　※予約のあったダイヤ、区間のみ運行します。
　　停車場　　戸田－歯科医院前－出逢い岬－煌めきの丘－井田－富士見台
　　　　　　　－大瀬岬－来見－江梨
　　　　　　　※大瀬岬は令和 2 年 4 月 1 日から乗り入れ開始

とあり、停車場を公式採用している様に見える。但し、掲載の時刻表は停留所の表記で、上記大瀬岬の追加を案内する文書も停留所を用いている。一方でバス停を使っている文書もあって、何が正解か判らない状態だが、停車場とはいえタクシーが「停車する場所」程度の認識ではありそうだ。

　ちなみに同じ戸田地区を 2005 年度から走るデマンド制ではない乗合タクシーの戸田・土肥線はバス停・停留所の表記を採用している。

【呼び捨て系　or　駅を捨てたタイプ】

　バス停名に「駅」はつかないが、デンシャが来そうだと思わせ振りをする「デンシャ来ない系」。

　都バスの新橋駅最寄バス停に、裸の「新橋」があることは東京 BRT と絡めて紹介済みだが、駅施設が視野に入るなど、ポールの立つ位置によっては「デンシャ来る系」に分類すべきケースも出てきそう。

・西鉄バス　西鉄鳥栖

　「片鉄片上」を紹介済だが、これと似た鉄道誤誘導系と思われるのが本ケース。

　西鉄公式サイトの時刻・運賃検索機能で「西鉄」と入力すると 54 件出力されるが、その内の 11 は西鉄鉄道駅で、駅前系が 19 件、商業施設関連が主のコミュニティバス停が 8 で、営業所が飯塚・大牟田・後藤寺・直方の 4 つに、黒

崎バスセンター・天神高速バスターミナル・グランドホテル前・工場・自

動車学校などの自社関連施設とで計9つのバス停。以上で累計51件になる。

　残りが、「西鉄大隈」・「西鉄多々良」・「西鉄鳥栖」の三つとなるが、「西鉄大隈」は「大隈」バス停の隣接である関係での識別目的と営業所の存在も関係ありそう。「西鉄多々良」はJR九州バスの「多々良」バス停があるので西鉄を冠したものと思われ、同様に「西鉄鳥栖」もJR鳥栖駅とは間近で混同防止目的もあろうが、「多々良」が対バス停なのに対し、「鳥栖」は対鉄道駅なので駅との誤解度で言うと、より悪質というか重症で（西鉄大牟田線ともさほど離れていない西鉄文化圏なので鉄路を思い浮かべ易いかも）、バス駅の育成選手として挙げた。

　実態は多数の路線が行き来する西鉄バス佐賀の鳥栖支社所在地のハブバス停で、貫録は十分なので「鳥栖駅前」と「新鳥栖駅前」にサンドイッチされて縮こまらずに、いっそのこと「西鉄鳥栖駅」を宣言して欲しい。

・徳島バス　ステーションパーク前

　冒頭で触れた、旧駅が駅の看板を下ろして鉄道記念館だの道の駅だのになってバス駅失格になる類いのケースでもある。国鉄小松島線の終着駅であった小松島駅跡が小松島ステーションパークとして整備され、雰囲気先行のホームも再現され、車両も置かれて「SL記念広場」になっている。ホーム上屋に小松島駅の駅名板も掲げられていて「写り込み」系となるチャンスもありそうだが、バス停は斜めコーナーに外れた場所にあり、名称も「ステーションパーク前」と駅は含んでいない。この事例では「レイルウェイ・ステーション」なのは見え見えなので認定したい気もしたが、筋を通して落選組の一員とした。

「ステーションパーク前」
（背景の郵便局の裏側が公園）

ステーションパークの再現風駅舎

・熊本市電　上熊本

バスでなくても同様の事象は見ら
れ、熊本市電の「上熊本駅前」電停
は同市交通局によると「『熊本駅前』
電停と『上熊本駅前』電停を混同す
る訪日外国人観光客等が多かったた
め」、2019.10.1 に「上熊本」電停へ改
名している。但し、市電なのでどう足
掻いても「デンシャ来る系」にはな
る。この辺は鉄道としての余裕が見ら
れて、「駅」を外すという大胆な挙に
出るハードルは低かったのだろう。

改称前の「上熊本駅前」 改称後の「上熊本」電停
電停

最寄りバス停の方は馬耳東風で「上熊本駅前」のままである（JR と熊
本電気鉄道に上熊本駅があるので）。

デンシャ来る系

続いて以下の面々は、現役の駅近にあって参照先としてのターゲット駅
があるので基本は「デンシャ来る系」になるのだが、現地では迷うかも知
れない（のでギリギリ番外篇にエントリーしてみた）。

【参照先間違い系】

鉄道駅名と微妙（もしくは大胆）に異なったバス停名で、鉄道に乗るべ
きかバスを待つべきか迷う一群。

・岩手県交通　竪川目駅前

JR 東日本の北上線には立川目駅と横川目駅があり、岩手県交通横川目
線の最寄りバス停はそれぞれ「竪川目駅前」と「横川目駅前」で、“縦の
物を横にはしても竪にはしない”という感じになっている。

問題の竪川目だが、「竪川目駅前」の隣接バス停が「竪川目」で、竪川

「竪川目駅前」

立川目駅

目地区の駅前と中心地という棲み分けで、駅が近いと言いたいだけで別に駅名にまでは関与していないスタンスと理解できないこともない（下記の「大井競馬場前」と似たパターン）。もしくは1963年開業と新参者の立川目駅側が遠慮したのかも。

　竪川目駅前～竪川目には「旧跡　平和街道」と「史跡　和賀軽便鉄道」という二本の案内ポールが立っており、現バス通りである「平和街道の南側に軌道を敷設すること十里」という馬車の和賀軽便鉄道があったことが知れるが、この大先輩にも竪川目駅はなかったようだ（岩手県教育会和賀郡部会『和賀郡誌』1919）。

　岩手県交通の西和賀方面路線を管轄する「湯本バスターミナル」は営業所らしいが、駅っぽい呼称ではある。

　勘違いならぬ漢字違いの似た例で、JR九州の三河内駅は三川内にあるが、西肥バスのバス停は「三川内駅前」と「三川内駅入口」で、河⇔川で争う形になっている（地名に合わせるのが本筋だとは思うが）。

　JRは鷹ノ巣駅で秋田内陸縦貫鉄道が鷹巣駅のケースでは、秋北バスのバス停は旧自治体名と同じ「鷹巣駅前」で後者に軍配が上がるが、この手の"の・ノ・之・乃・（無）"問題は新駅未満とすべきだろう（北秋田市の市街地循環バスも「鷹巣駅前」を採用）。

　新旧漢字間の相違も大目に見てもよいとは思うが、一例として塩竈市の市内循環バスはJR駅名に合わせて全て「塩釜」表記のバス停で、ミヤコーバスもこれに倣う（視認性を重視か）。

　南国交通の「野田駅」バス停は肥薩おれんじ鉄道の野田郷駅前だが、「郷」を抜くことで新駅を作っているというか、自治体名称に含まれない「郷」を「町」の様に入れるか入れないかの選択の結果か。

・京急バス　大井競馬場駅前

正門前の「大井競馬場」と奥にモノレール駅が
控える「大井競馬場駅前」（右側が競馬場）

前著では、鉄道駅が大井競馬場前駅だから大井競馬場駅という別の新たな駅を作ってしまっているとしたが、大森駅からの無料シャトルバスもやってくる正門の停留所名が「大井競馬場」*なので、正門前ではなくてモノレール駅前の方だという識別目的の接尾語だと考えられなくもない。類似ケースで、北陸鉄道の鉄道駅が額住宅前駅なのに対して、北陸鉄道バスが「額住宅駅」と、「前」の省略で新駅を作っている事例が見られるが、前駅⇔駅前の混同よりは大目に見てもよい気がしてくる。

あおなみ線名古屋競馬場前駅の場合は、駅前の名古屋市バスの停留所は「名古屋競馬場前駅」で乱れはなく、本来はこうあるべきもの（近江鉄道バスも、京セラ前駅最寄りは「京セラ前駅」）。

ゆりかもめ線市場前駅の場合も、最寄りの都バス停留所は「市場前駅前」と前を重ねて隙が無く、横からのちょっかいが無ければストレートに決まるべきものと思われる。

鉄道駅でも京成千葉駅などは、以前は国鉄千葉駅前を名乗っていたから上には上がいる。豊橋鉄道の市内線は豊橋の付かない「駅前」停留場から出ていて、同社バスにも感染したのか西口駅前のバス停は「西駅前」と贅肉を取りすぎて"西駅"を探してしまいそうだ。

*：厳密に言うと、現地バス停ポールと路線図上では「大井競馬場」だが、バス停名検索やポール上径路行先案内では「大井競馬場前」と前がついている。"大井競馬場 - 前 vs. 大井競馬場 - 駅前"の構図が正解か。

・豊川市コミュニティバス　名鉄八幡駅

名鉄豊川線の八幡駅にアクセスする、2011.11.1 から運行のコミュニティバス停は「名鉄八幡駅」で、鉄道駅とは「名鉄」有無で差がある。八幡地区でバス停名に八幡駅を掲げても座りが悪くて名鉄を冠したのかも知れな

いが*、少し離れた位置の豊鉄バスは素直に「八幡駅口」を採用しており、JR八幡駅が近くにある訳でもなく、謎のネーミングだ。

　同市コミュニティバスには、名鉄駅名通りの「名電赤坂駅」と「名電長沢駅」もあって、せっかく足しても「名電」と誤読されそうな環境ではある。

*：同市都市マスタープランなどの資料にも「名鉄豊川稲荷駅、名鉄諏訪町駅、名鉄八幡駅などで、近年、乗車人員が増加」と言った横並び「名鉄」追加の表現が見られる。

　本家の名鉄バスにも名鉄を冠する駅名バス停が、名鉄一宮駅・名鉄新安城駅・名鉄東岡崎駅・名鉄間内駅などといくつかあるが、こちらは他社同名駅や他の路線バス等との識別目的だと考えれば納得できる。

　神姫バスの類似例「電鉄小野駅」バス停を見ると、神戸電鉄小野駅の最寄りだが、JR西日本の加古川線に小野町駅がある故の配慮なのだろうが、マイナー意識も見え隠れする「電鉄」の追加だ。

　指呼の間にあるJR東日本今市駅と東武鉄道下今市駅のケースでは、日光交通のバスは「JR今市駅」と「下今市駅」を用いており、「下」の有無で識別可能であるにも関わらずお節介な「JR」付加をしている（富士急湘南バスの「JR松田駅入口」と「小田急線新松田駅」のケースでは、『新』の存在が蔑ろにされて『JR』の出番になっているが、至近距離故に誤乗が絶えなさそうな背景は窺える）。

　最近の例では、小田原市で2002年から運行されている小田原宿観光回遊バス「うめまる号」のルート変更が2021.4.3にあり、降車専用の「ミナカ小田原」と共に「JR早川駅」バス停が新設された。箱根登山バスの運行で、同社には「早川駅」と「早川駅入口」が既存であるにも関わらず危険なネーミングを敢えて行ったのは、路線バスとはポールも異なり客層が分れると判断したためだろうか（早川駅前ロータリーに入るのは『うめま

る号』のみで、括弧内に副名称として『早川臨時観光案内所』も記される）。

　JR西日本が駅名にJRを冠するのを好むのが影響したのか、同エリアでもJRの「暗躍」が見てとれる：

　高砂市営バスには山陽曽根駅を抱える「JR曽根駅」に引き摺られた様な「JR宝殿駅」に余分な「JR」が付与されている（一方で同社「山陽高砂駅」バス停には、国鉄高砂駅が廃止された今は識別不要の「山陽」が残るのであいこか）。

　境港市の市内循環バス「はまるーぷバス」に当然ながら「境港駅」があり、乗り入れる日ノ丸自動車も「境港駅」を使うが、中海の出島の様な旧八束町（現松江市）とを結ぶ同市「八束コミュニティバス」は何故か「JR境港駅」としている。県内の「私鉄」が第三セクター若桜鉄道のみの鳥取県と、一畑電鉄を有する島根県との認識の違いが反映されているのだろうか。

　勢力図が私鉄側に有利だと思われるのが伊勢市「おかげバス」で、同二見線には「JR二見浦駅前」と「五十鈴川駅前」の「駅」付きバス停があるが、近鉄の後者はむき出しなのにJRには同名駅がない状態で「JR」を付与している。同じく東大淀・明野・小俣線では、近鉄の「宮町駅東口」に対して、JRは「JR宮川駅前」と“町 vs. 川”でJRが「負け」ている。同市「おかげバスデマンド」にも「JR宮川駅前」が単独で登場している。

・日本中央バス　赤坂電停

　同社の西大室線・石関南線にあるが、前橋市営バスの大室公園〜前橋・前橋公園の東31・32系統と城南運動公園〜前橋・前橋公園の東33〜35系統でもある。

　上毛電気鉄道の赤坂駅最寄りバス停だが、何故か「電停」が付く。上毛電気鉄道公式サイトの各駅情報の三俣駅に

　「開業時は停留所で昭和31年8月25日、自動信号化に伴い、300ｍ西桐生方面に移設し、停車場に改良。」

とあって、停留所（場）⇔停車場の区分には敏感な様なので、「電停」は通常の「電車停留場」の略ではなく「電車"の"停留所」のつもりなのだろうか（確かに構内に分岐器はなく『停留所（場)』を名乗る資格はある）。市電並に細目に停まるのは確かだが、併用区間もなくゲタ電ではあるものの市電ではない。

　ちなみに、同社の高崎駅〜大胡駅線（高崎市営バスの16系統でもある）には上毛電気鉄道の駅最寄りバス停に「駒形駅北口」と「大胡駅」とがあるが「電停」は付かない。「赤坂電停」の場合には赤坂地区の代表と見られる「赤坂」バス停が隣なので差別化する必要はあったのだろうが、「赤坂駅前」にしなかった謎は残る。

　互いに多少離れているという事情もあろうが、鹿児島市営バスのバス停名称は市電の「谷山電停」バス停の隣りにJRの「谷山駅前」バス停があって当然区別はしっかりとされている。

・南阿蘇ゆるっとバス　下田駅前・白川駅前

　南阿蘇村のコミュニティバスで南阿蘇鉄道沿線を走るバスだが、阿蘇下田城ふれあい温泉駅最寄りのバス停は「下田駅前」で、盛り過ぎ駅名を嫌ったのは判るが別の駅と間違える程の大幅改変になっている。ゆるっと合っていれば判るだろうということなのか。

　同バス阿蘇白川駅最寄りの「白川駅前」も国名抜かしの類いとして許容範囲だが、省略しすぎ組の一員ではある。

・神姫バス　河高社駅前

「社町駅」と「河高社駅前」

　兵庫県加東市にある加古川線社町駅の駅近バス停で、本体の「社町駅」は別に存在する。初見では"河高社駅"を期待してしまうネーミングだが、該当する駅は無い。「河高」が加東市の地名で、社町駅が同地区にあることを表現したものと推測できるが、それにしても"社町駅⇔社駅"の不整合が残る。

　2006年に合併して加東市になる前は加東郡社町・滝野町・東条町で、社町駅は旧滝野町河高地区にあり、同駅が社口駅→播鉄社駅の改名を経ていることからも判る様に、隣町である社町に一駅を譲った形なので物理的に社町には存在していない。また合併後の住居表示では、旧「社町」は現市役所も擁するメインらしき旧「社町社」（加東市社になった）以外は残らなかったので、こうした要素が相まって町抜けの「河高社駅前」でも違和感がないのだろう。

　いずれにしても、県道社町停車場線に置かれたこのバス停のネーミングは余所者には迷惑である。

・みどり市「電話でバス」　旧阿左美駅北

　同市のデマンドバス「電話でバス」には231か所のバス停があるが*、その一つの「阿左美駅北」が2020.4.1に「旧阿左美駅北」に名称変更している。これ

「旧阿左美駅北」

旧阿左美駅ホーム上の縄文住居跡

は東武鉄道の阿左美駅が道路拡幅工事に伴い約300m移動して2020.3.14から供用開始されたことに伴う措置。ちなみに「阿左美駅」というバス停もあって、こちらは駅移設に伴い新駅のロータリーに移動している。

*：2021.4.1に「新桐生駅」が追加されたため232か所に増えている。

　このケースは駅の改称ではなく、移設によって"駅北"を名乗れなくなったことによるのだが、新たに"阿左美駅西"などと名乗るのはためらわれたのであろうか、「旧」を付けてまで元の駅位置を参照することで、バス駅を誕生させてしまった（旧駅から新駅が見えるので本編に入れてもいいかも知れない）。

　駅から徒歩圏内に教科書等でも有名な岩宿遺跡があり、旧駅構内には縄文式文化住居跡が発見されて、同市サイトにも阿左美縄文式文化住居跡と

紹介され、「日本唯一の縄文時代の住居跡が保存公開されている駅」（正しくは『だった』）とある様に、「旧」に敏感な土地柄のせいなのかも知れない。「旧」で参照しているのは駅ではなくて旧駅構内にあった縄文遺跡だという建て前で"旧阿左美駅遺跡北"だと史跡も顕彰している感じでいいのではないか。類似例で、妙高市にはスイッチバック廃止に伴う「旧関山駅」にNPO法人ふるさとづくり妙高によるコミュニテイバス妙高病院線が平日2便通うが、「利用は、当法人の会員に限ります」とある。

【旧称肖り系】

　デンシャ来る系の締め括りとして、旧駅の名称に肖（あやか）ろうとして予期せぬ「バス駅」誕生となりかねないケースを最近の鉄道駅名変更に伴う例で見ていく。

・2019.3.16にゆりかもめの、船の科学館駅・国際展示場正門駅が東京国際クルーズターミナル駅・東京ビッグサイト駅にそれぞれ変更された。
　　当日には都バスでも「船の科学館駅前」⇒「東京国際クルーズターミナル駅前」、「国際展示場正門駅前」⇒「東京ビッグサイト駅前」というバス停名の変更が律儀に行われている。

・2019.10.1の東急田園都市線南町田駅の南町田グランベリーパーク駅への改称時には、グランベリーパークの街びらきが11.13だったことで同日付となったバス停改称とはタイムラグが生じていた。空港バスのみが乗り入れる京急バスは「駅名の変更に伴い」としているのに対し、神奈中バスは「南町田グランベリーパークの開業に合わせ、2019年11月13日（水）始発より」としていて、未開業施設には対応せずに筋を通している感じだ。10.1〜11.12の期間がグレーだが、副駅名の類いや「グランベリーパーク」の中抜けと見做せば目くじらを立てる程のことではないかも。

・2019.11.30の羽沢横浜国大駅の開業時には、同日から神奈川中央交通のバス停も、「羽沢貨物駅」⇒「羽沢横浜国大駅前」に変更されている（何故か『前』が付いた）。このケースでは変更しなくても違反にはなら

ないが、寄らば大樹の陰で旅客駅の方を選択したのは至極もっともだ。

・京急の 2020.3.14 の 6 駅改名時には、京急バスの「羽田空港国際線ター
　ミナル」と「新逗子駅」の両バス停は、駅名変更当日にちゃんと「羽田
　空港第 3 ターミナル」と「逗子・葉山駅」に変更されて事なきを得てい
　る（臨港バスでも「産業道路駅前」から「大師橋駅前」に変更実施）。
　　同じ日に JR 東日本でも佐貫駅から龍ケ崎市駅への改称が実施された
　が、こちらも空白期間を置かずにコミュニティバスと関東鉄道バスで、
「佐貫」を「龍ケ崎市」に置き換える処理が行わ
れている。佐貫〜龍ケ崎を運行する関東鉄道は自
社が佐貫駅を貫くのにも関わらず（右に倣えで改
名したら龍ケ崎市〜龍ケ崎となって都合悪そう）、
バスでは「龍ケ崎市」に変更せざるを得なかった
のは多勢に無勢で仕方ないと言うべきか。
　　念の為に現地確認してみたが、流通経済大学の
教職員バスのポールのみ「佐貫駅」のままだった

「佐貫駅」を残す大学教職員
用バス停ポール

が、上述の様に関東鉄道は佐貫駅のままなので、
直し忘れだとしても参照先が JR ではないと強弁が可能な状態ではある。

　東武鉄道のとうきょうスカイツリー駅は改名からかなり経つが、未だに
「旧 業平橋」の記載がホーム上の駅名標や公式サイトの駅情報などに残
り、商業主義丸出しの新駅名を恥じるかの様である。この場合、もし "旧
業平橋駅前" や "業平橋駅前" などというバス停が登場しても織り込み済
で、バス駅誕生ということにはならない（都バスには『とうきょうスカイ
ツリー駅入口（業平橋）』バス停があり、駅抜きだがやはり地名とも取れ
る業平橋を残している）。

　ということで、現役の駅名と異なるバス駅は混乱の元となって歓迎され
ないからか、他にはひたち BRT で紹介したエラーの「久慈浜駅」位しか
見つからず、旧称肖り型は絶滅危惧種なのではあった（本篇でも「能登町

役場前」バス停に副名称「旧宇出津駅前」があるなどの旧称併記例に触れている）。

　まえがきでバスステーションの類いは含めないとしたが、一応この項でサラっと触れて置く。

　駅前にあるバスターミナルやバスステーションは居候感が強くて自己主張が感じられず、気にならない。一方で、次の例の様に駅から離れた営業所風情の施設をステーションと呼ばれると触覚が動きだす：

　秋北バスには「能代バスステーション」と「（大館）駅前ステーション」（大館地区の路線マップと現地には「大館」が付かないが、花輪地区の路線マップでは「大館駅前ステーション」表記になっている）があり、前者は「能代駅前」バス停とは離れた営業所の様な存在で、後者は大館駅近の待合所だが、ステーションに何が込められているのかの受け取り方は人さまざまだろうから結論は出ないものの、堂々とバス駅を名乗って欲しい気はする。

　ローソンが「マチのほっとステーション」だったり、介護福祉施設が「見守りステーション」だったりして、街中に「ステーション」は溢れており、「レイルウェイ・」などと限定しない限りの「ステーション」では検討の土俵に上げる訳にも行かない（旧小松島駅の怪しいケースについては紹介済み）。鉄道駅の連想を暗に期待している風な、道の駅・まちの駅に始まる一連の怪しい駅も乱立気味で、これらも当然考慮外になる（唯一例外で『志賀高原山の駅』を取り上げたのは、元ロープウェイ駅の威光による）。

　こうした「ステーション」の用法や、「停車場」の鉄道以外への流用などについては前著でも論じたので繰返さないが、ベースとして日本人の駅信仰と言うか駅好きがあると睨んでいる。

Column　駅駅とバス停バス停

前頁まででバス駅の紹介は終わったが、何度も登場した名称が「バス停」で終わるバス停の生態についてはスルーして来たので、締め括りとしてバス駅発生パターンと絡めて論じて見た。

鉄道駅には、駅名が「駅」で終わる「駅駅」が天然記念物レベルで見つかる。

国外では前著で指摘した「ソウル駅」以外にも「台北車站」があり、国内では近鉄の「橿原神宮前」駅の以前の名称が「橿原神宮駅」駅だったりした例がある。これらはいずれも"ザ駅"という感じの称号として使われていると解釈が可能（今でも「橿原神宮前」は狭軌と標準軌が出入りする独特な構造だが、「橿原神宮前」駅と「橿原神宮」駅を統合した際に格上感を演出する効果を狙ったものか）。

阪急京都線の「水無瀬」駅と「上牧」駅が、以前は「桜井ノ駅」駅と「上牧桜井ノ駅」駅だったケースは、鉄道駅ではなく、楠正成の時代の駅家である「櫻井驛」にまつわるものであるが、皇国史観華やかなりし頃に忠君の象徴としてもてはやされた（史跡名勝天然紀念物保存法により、内務省告示第38号で1921.3.3に史跡指定）。

少しひねったパターンとしては、ディズニーリゾートラインは全ての駅名が「ステーション」で終わっているので、英訳では目出度く「駅駅」ということになる。

「新駅駅」のパターンでは、一畑電鉄の「湖遊館新駅」駅が現役で、福井電鉄には過去に「新駅」を名乗った例が二件あり、「赤十字前」の旧称が「福井新駅」で、「越前武生」は以前は「武生新駅」だった。

貨物駅に視野を広げると「操駅」が浮かび上がって来る。「操車場駅」ということだが、略さないと操車場が駅類似施設なので「駅駅」となって座りが悪いためと思われるが（操車場だけで十分な気もする）、今は「貨物駅」が主流ながら、大宮操車場駅の様に堂々と看板を出しているケースもある。

川崎貨物駅の旧称は塩浜「操駅」で、横浜本牧駅も以前は本牧「操駅」だったが、1990.3.10に現在の名称に変更している*。

*：神奈川臨海鉄道公式サイトは「横浜本牧駅は、昭和44年10月1日に本牧操駅として開業」し、「『横浜』に所在することを強調することと、全国的なコンテナ貨物の利用を呼びかけるために『横浜本牧駅』と名称を改め」たとしている。

かしてつバスなどに見られた様に、バス駅名を「駅」で終わらせても「駅駅」になってしまうので、バス駅の新設・改称は貴重な「駅駅」仲間が増えるチャンスでもある。停留所を停車場と表現する文化*でも、鉄道駅最寄りバス停などを「駅」で終わらせると容易に「駅停車場」が発生してしまう。

紹介した「あおぞらくん」の「ステーション」群もバス停を停車場としているので「ステーション」停車場となるが、"レイルウェイ"もないので「合わせて一本」とするかは微妙な所か。

*：同様に駐車場が停車場の代替語となるケースも考えられ（歴史的経緯を含めて前著で紹介した）、停留所名称としては、善通寺市の市民バス各線に「バス駐車場」が、クルマ社会の沖縄にも結構な駐車場バス停があるが（琉球バスの東山駐車場・玉泉洞駐車場・中央駐車場前（嘉手納）、那覇バスの琉大駐車場、沖縄バスの真志喜駐車場など）、「東山駐車場」や2020.4.1廃止の沖縄バスの「大城駐車場」が路線の発着地としてバスの車庫風な以外はフツーの汎用駐車場で、当然いずれもバス駅ではなく「駅バス停」に掠る程度か。

駅で終わるバス停が「駅駅」になる流れで言うと、地名に駅が含まれるケースが挙げられる。世田米駅と西春別駅前については紹介したが、他に駅を含む事例では、西鉄バスの「駅ケ里」が見つかる（読みは『やきがり』）。佐賀駅〜久留米駅の路線上にあり、隣のバス停が「田手・吉野ヶ里歴史公園南」であることからも判る様に、吉野ヶ里遺跡に近い佐賀県神埼市神埼町田道ヶ里という大字の下の小字になるが、御多分に洩れず過去に駅家だったことに由来する*。弥生時代から都市機能があった様な地域に、後世にそれなりの賑わいがあったというのは

地勢・地政からも頷ける。

この「駅ケ里」バス停に鉄道を期待する人がどれだけいるのか推測困難だが、本編にも登場した駅前・駅入口・駅通・駅北などの組み合わせでないと苦しいのではないかとは思われる。バス停が置かれていない駅入り地名の事例としては、前著でも福島県の楢葉町山田岡の字名の「驛内」と「古駅」を取り上げたが、"驛内"バス停や"古駅"バス停が登場したら、と想像を逞しくしたくはなる。

*：『角川日本地名大辞典 41 佐賀県』（角川書店 1982）に拠れば、往古の駅家に因む近世の駅家里が近代に駅ケ里村となった。

奥津軽いまべつ駅前ロータリーのバス停車場（右奥の建屋が駅舎）

幸いなことに？「バス停バス停」は「駅駅」よりもふんだんに見つかる。

路線バスよりは、コミュニティバスや乗合タクシーなどによく見られるケースだが、「バス停」で終わるバス停名だと、「バス停」バス停が出来上がる仕組み（「長沢駅跡」等参照）。本格的バス停の軒先を間借りしているという居候・亜流意識のなせる業なのであろうか一歩引いた感じ。

いくつか例を挙げると、岐阜県海津市オンデマンド交通のあまたある停留所の中で、今尾線には唯一「今尾名阪近鉄バス停」バス停が見られる（仲間がないのは、目立つアイコンには事欠かない地域ならではか）。

福岡県行橋市を拠点とする太陽交通バスのバス停使いは独特で、バス停以外に何もないものはルート図に「バス停」型で表示し、目印や目的地であろう施設があればその名称留めにしている（もしくは前とか口とかを付す）がこちらは少数派になる。同社の行橋駅発便は上記の通りだが、隣の築城駅発便（寒田線と豊津築城駅便）はフツーの地名留めのラインナップで、自治体が変わる（築上町）と命名法も変わるようだ。

石見交通の広益線には「加計バスストップ」という停留所がある。他にPAやSAにも停留所を持つ路線なので乗りは判らないではないが、中国自動車道に置かれた乗降所しかない本バス停も「バス停バス停」仲間入りだ（広電バス三段峡線の高速経由の75系統にも「加計BS」がありポールを共用している）。

「バス停前」仲間は更に多く、三重県津市コミュニティバスの安濃地区には「バス停前」が散見される。残りの久居・河芸・芸濃・美里・一志・白山・美杉地域には何故か見当たらないなど、自治体内でも地域差が見られる（"路線バス停の前"ということであれば、一様に分布していい筈だが）。

青森県七戸町コミュニティバス西野・上屋田線と野々上・舘野線の「見町バス停前」バス停のケースを見ると、「見町」・「見町待機所」の次に来るバス停で、「見町」バス停のある通りに入る十字路近くのバス停で「見町地区」の木戸や見附の乗りなのであろうか、コミュニティバス内輪のヒエラルキーで更に一歩引いたケースとなっている（もしくは路線バスへの敬意）。

大阪府池田市の施設循環福祉バスは路線図では「バス停」としていても、通過時間表では「バス停付近」の表記だが、独立したポールがない運用ならあり得そうなネーミングで、気付けば我が近隣の基幹病院の巡回バスも「バス停付近」を採用しており、この辺まで来ると冒頭で触れないとした送迎バスの世界に踏み込んでしまっていることになるか。

デマンドバスになってくるとバス停の扱いも雑になってくるのか、埼玉県深谷市のケースで見ると「デマンド（事前予約型）バス」は「デマンドバス停は予告なく移動したり、撤去したりする場合があります」としている。フツーのコミュニティバスに当たる同市定時定路線のバス停にはそうした記載はされていない。

同様に乗合タクシーなども命名自由度が増して来て、デマンド且つタクシーの新潟県三条市デマンドタクシーでは、停留所名に「バス停前」が目立つ。

山口県宇部市の地域内交通の一つで

ある藤山地区コミュニティタクシー「ふじやま号」の場合は、市内他路線とは異なり、マイナーな名称のバス停が目立つ。タクシーなのでバス停を参照して「旧香川学園前バス停」とあるのは、今は亡き施設を旧としてまで引用するパターンが奇異*なことを許容すれば理解可能な範囲だが、「旧浜田バス停跡地」に到っては「おいおい、更地じゃないか」と突っ込みたくなる（平成17年国勢調査から3回連続で人口増加率が神奈川県内市町村で1位で、県西地区で唯一人口増加中と羨ましい開成町にも、町内循環バス『あじさいちゃん号』に「宮台公民館跡地」が見つかるので、"イコール過疎"の第一印象は正しくないかも知れない）。

*：過疎化や合併などによる学校や役場などの廃止・統合で「旧〇〇」としているケースが主で、代わりの目立つアイコンがなかったのだろうと推測は立つ。ところが、東京都目黒区にも「元競馬場前」という東急バスの停留所が存在する。「目黒記念」に名を残す目黒競馬場くらいになると顕彰のつもりで存在しない施設名を引用することが大都会でも起こって来る。

これ以外にもバス停名称については突っ込み所が結構あって指摘しだすとキリがないので、この辺にしておく。

おわりに

　バスというフィルターを通して見たレールの無い世界を描くのに、幸いにも個性的なキャラクターには事欠かなかった。一方で、灰汁の強い素材を次々に投げいれてグツグツと煮込んだスープは、一体どんな味になるのかという不安はあって、今となっては世間の舌に合う仕上がりなのか少々心もとない。

　調べ上げていく内に、赤字で廃止されて「国鉄完乗」が楽になるのを待っていた諸路線の復習を今更の宿題としてこなしている自分の姿にも気付いた。まさに因果応報、禍福は糾える縄の如しだ。
　国鉄・JRですら廃止待ちなのだから、国鉄でいうクリーム色4号と朱色4号のツートンカラーに塗られたディーゼルカーしか走っていないローカル私鉄などは歯牙にも掛からず、乗って置けばよかったと嘆いても同様に後の祭り。
　ということで、過去に冷たくあしらってしまった路線達へのお詫び行脚の「もう一つの廃線巡り」としてまとめた様な一面もあるのかと思ったりもする。

　取り上げた面々は、鉄道駅としての経歴の有無によらず、古来からの流通経路の拠点が近世の宿駅を経由して近年バス駅の形態を取って現在に至ったものである。このことに気付くと、亜流駅の印象を持ちがちなバス駅も貴重な歴史の生き証人たちだという風に思えて来るのだった。
　なんのことはない、前著の神奈川県内での陸運駅探しの旅を全国版に広げて、日本人の"やっぱり駅が好き"振りを再検証しているのであった。

　〜　駅でござると　吹いたはいいが　肩身狭しや　バスの来る　〜

　おあとが宜しいようで。

渡邊　喜治（わたなべ　よしはる）

東京生まれ、神奈川育ち。
得意分野の歴史と鉄道に関わる身近なテーマを見つけては地道に調査を
続けている。
何十年か掛けてようやく 2020 年に国内鉄道完乗を達成し、乗り鉄本来
の楽しみをあじわう日々を送る。

著書に
『湘南 EF 少年』（文芸社）
『湘南軽便メモワール』（東京図書出版）
『神奈川　駅尽くし』（東京図書出版）

全国バス駅巡り　～もう一つの廃線紀行～

2021 年 11 月 12 日　第 1 刷発行

　　　著　者　渡邊喜治
　　　発行人　大杉　剛
　　　発行所　株式会社 風詠社
　　　　〒 553-0001　大阪市福島区海老江 5-2-2
　　　　　　　　　大拓ビル 5 - 7 階
　　　　　TEL 06（6136）8657　https://fueisha.com/
　　　発売元　株式会社 星雲社
　　　　　　　（共同出版社・流通責任出版社）
　　　　〒 112-0005　東京都文京区水道 1-3-30
　　　　　TEL 03（3868）3275
　　　装幀　2 DAY
　　　印刷・製本　シナノ印刷株式会社
　　　©Yoshiharu Watanabe 2021, Printed in Japan.
　　　ISBN978-4-434-29671- C0026